Startchancen

»*Das Kind war mit Vakuumextraktion
mit zweifacher Nabelschnurumschlingung
blau-asphyktisch geboren worden . . .
Es zeigte . . . im Alter von 14 Stunden
sämtliche Zeichen einer deutlichen
Chromosomenaberration im Sinne
eines Mongoloidismus.*«
(*Zitat von Seite 31*)

*Eltern und Großeltern lehnen das Kind
ab. Es kommt unmittelbar von der Klinik
aus ins Heim.*

*Es kann »natürlich niemals mit der
Entwicklung zu einem normalen Kind
gerechnet werden . . .«
(Zitat von Seite 31)*

*Das Kind heißt Andreas und ist hier –
Abb. 1 – 7 3/4 Jahre alt.*

Albrecht Tuckermann

Down-Kind Andreas

Der Weg eines Heimkindes

38 Abbildungen

Ernst Reinhardt Verlag München

Albrecht Tuckermann, Sonderschullehrer in Frankfurt.
Mierendorffstr. 58, 6070 Langen

CIP-Kurztitelaufnahme der Deutschen Bibliothek

Tuckermann, Albrecht:
Down-Kind Andreas : d. Weg e. Heimkindes /
Albrecht Tuckermann. – München ; Basel :
E. Reinhardt, 1981.

ISBN 3-497-00925-3

Satz: vpa, Landshut
Druck: grafik + druck, München

Inhalt

1. Definitionen

Geistige Behinderung

Wer diesem Kind begegnet, wird auf den ersten Blick die Feststellung treffen: Dieses Kind ist geistig behindert.

Was heißt »geistig behindert«? Offen gestanden, ich weiß es nicht. Ich weiß es um so weniger, je mehr ich mich auf der Suche nach einer Antwort in den verschiedenen Veröffentlichungen umgesehen habe. Selbst die gültige Definition des Begriffes »geistig normal« gelingt Laien wie Fachleuten bisher nicht.

Der »geistig Behinderte« kann in der Regel noch nicht einmal etwas dazu sagen. Er ist fremden, übergestülpten und fast stets aus negativen Aussagen bestehenden Definitionsversuchen ausgesetzt, die in keiner Weise berücksichtigen, wie er selbst sich vielleicht sehen könnte. *Harbauer* (24, S. 3) sieht geistige Behinderung als »erhebliche negative Abweichung von der intellektuellen Norm« und nimmt die bekannte Einteilung in Debilität (Intelligenzquotient/IQ 69–50), Imbezillität (IQ 49–20) und Idiotie (IQ 19–0) vor, weist aber gleichzeitig auf die Unterschiedlichkeit der Leistungen in den einzelnen Teil-Bereichen hin, sowie darauf, daß mit dem IQ noch keine Aussagen über die Bildungsfähigkeit getroffen sind. Er schränkt aber den Begriff der Bildungsfähigkeit sofort wieder ein: »Als bildungsfähig sollen alle Kinder gelten, die über die Sprache Kontakt aufnehmen können und die Voraussetzung dafür bieten, daß sie durch heilpädagogische Betreuung zu sinnvoller manueller Tätigkeit und ausreichender sozialer Anpassung geführt werden *(Schomburg)*« (24, S. 4).

Die »Vorläufigen Richtlinien für die Arbeit in der Schule für Praktisch Bildbare« in Hessen sprechen schlicht davon, daß Persönlichkeit und Leistungsvermögen . . . bei praktisch bildbaren Schülern durch »besondere Formen und Entwicklung gekennzeichnet« sind (59, S. 7), ohne daß näher darauf eingegangen wird. *Bach* (2, S. 92) sieht im Jahre 1977 als Merkmal der geistigen Behinderung u.a. ein Lernverhalten, das »wesentlich hinter der auf das Lebensalter bezogenen Erwartung zurückbleibt . . .«

Rett (42, S. 81) sieht die wichtigsten Kriterien des »Phänomens« in der nach Form und Schweregrad unterschiedlichen Störung von im wesentlichen drei Fähigkeiten des Menschen: »1. die Reflexion, 2. die Sublimation, 3. die Abstraktion.«

Die Auswirkungen dieser Definitionen bestimmen das Leben des als »geistig behindert« Bezeichneten. Der Begriff etikettiert eine »Gruppe« von Menschen, die eine ungemeine Vielfalt aufweist. Er wird zur

Charakterisierung der Gesamtpersönlichkeit des Behinderten benutzt, obwohl dieser in vielerlei Hinsicht genau so »normal« ist wie wir.

Die Bezeichnung »geistig behindert« mag ihre Berechtigung höchstens dadurch bekommen, daß sie als Hilfskonstruktion für Ämter und Politiker dazu dient, formelhaft einen Personenkreis zu benennen, der verstärkte, aber höchst individuell zu gestaltende Hilfe braucht, um zur Verwirklichung seines dem unseren absolut gleichwertigen Anspruches auf ein sinnvolles und erfülltes Leben zu kommen.

Die wichtigste Frage bei der am Anfang unterstellten Aussage »geistig behindert« ist nicht, was sie für den Betrachter, die Gesellschaft, die unmittelbare Umgebung usw. bedeutet, sondern für das Kind selbst, aber wiederum nicht im Hinblick auf sein Zurechtkommen, sondern von seinem individuellen Empfinden und seiner Persönlichkeit her. Der »geistig Behinderte« mag zwar Beeinträchtigungen in vielen Bereichen zu ertragen haben, er ist dennoch ein Mensch, ein Individuum, und es gibt keine Rechtfertigung dafür, ihn anders als so zu behandeln. Was er aber wirklich denkt und fühlt, ist uns oft nicht zugänglich. Dabei wird durchaus nicht übersehen, daß die »unterdurchschnittliche allgemeine intellektuelle Funktion« mit »einer Störung des sozialen Anpassungsverhaltens einhergeht« (*Heber,* zitiert bei *Eggert* 14, S. 167), die von der »normalen« Umwelt ein erhöhtes Maß an Zuwendung und Eingehen auf ihn fordert. Diese erhöhte Zuwendung wird bei jedem »normalen« Kranken jedoch als selbstverständliche Pflicht angesehen, nur nicht bei Behinderten.

Das Kind Andreas lebt bei uns. Mit ihm als einem »geistig behinderten« Kind freiwillig leben und den Begriff »geistige Behinderung« definieren, das sind zwei verschiedene Dinge, und das erste macht das zweite ungemein fragwürdig.

Sieht man dieses Kind neben anderen, so fällt natürlich auf, daß gewisse Fähigkeiten und Fertigkeiten fehlen, andere nur unvollkommen ausgebildet sind, es gibt aber auch Bereiche, in denen es sich mit ihnen messen kann. Das Bild aber wird von der Überbewertung der kognitiven Komponente geprägt. Dabei tut ein solches Kind häufig Dinge, die aus seiner Sicht durchaus intelligent sind, wenngleich nicht immer altersentsprechend, verglichen mit einer »normalen« Entwicklung.

Da wird ein Kind geboren, das sich in mancherlei Hinsicht von der Mehrzahl der anderen Kinder unterscheidet. Es ist nicht »normal«, daß heißt es entspricht nicht einer (von wem eigentlich als Richtschnur menschlichen Seins aufgestellten?) Norm. Das Krankheitsbild ist in Kreißsälen und Kinderkliniken bekannt, es ist »unverwechselbar« und man hat seine »Erfahrungen« damit.

Das Etikett klebt, für Eltern, Verwandte, Ärzte, Erzieher, Lehrer, Ämter. »Man weiß« daß solche Kinder nicht über einen gewissen

Entwicklungsstand hinauskommen, daß die Förderbarkeit mit der Pubertät erlischt und vieles mehr. Die Folgen sind bei den Pflegepersonen – zumindest in diesem Fall – Ablehnung, Resignation, Heim, ›bewahrende‹ Pflege in einer psychiatrischen Anstalt.

Wo bleibt da der Mensch in der »Einmaligkeit und Unwiederholbarkeit seiner Identität«? »Die Definition von ›geistiger Behinderung‹ scheitert am Phänomen des Geistigbehindertseins, an der Komplexität einer conditio humana . . .« (*Thalhammer 52*, S. 13 f.).

Der Versuch einer Definition kann wohl auch nicht gelingen, denn er läßt daneben noch eine grundsätzliche Annahme außer acht, die heute nicht mehr bestritten wird: Jeder lebende menschliche Organismus ist förderungsfähig. Für das Leben dieses Organismus ist Wahrnehmung die Grundvoraussetzung, also verfügt jeder lebende Organismus über diese Fähigkeit und ist über sie veränderbar, auch wenn er keine sichtbare Reaktion zeigt. Geht man von dieser Annahme aus, dann kann es keine Resignation im Blick auf die Förderbarkeit geben. Die Geschichte der Sonderpädagogik weist recht eindrucksvoll nach, wie man für immer neue Gruppen von Behinderten Wege der Förderung gefunden hat. Diese Entwicklung wird weitergehen, möglicherweise in völlig neue Richtungen und in wesentlich verändertem Tempo. Wer ist wohl mehr »geistig behindert«: Der Behinderte, der eine Beeinträchtigung in einem Teilbereich erlitten hat, oder wir, die wir (noch?) unfähig sind, die Gesetzmäßigkeiten der physiologischen und psychologischen Abläufe zu erkennen, durch die diese Beeinträchtigung bedingt, aufrechterhalten und verstärkt wird, auch unfähig, bereits vorliegende Erkenntnisse in geeignete Fördermaßnahmen umzusetzen?

In diesem Sinne kann man sich *Thalhammer* anschließen, der formuliert:»Geistige Behinderung ist so selten nicht unterlassene Hilfeleistung . . .«, wobei er zwar meint: ». . . während der (früh-)kindlichen Entwicklung« (52, S. 11), doch ist eine Verallgemeinerung sicher richtig.

Der Begriff »geistig behindert« sagt also im Grunde überhaupt nichts aus, weder über den Menschen noch über die Ursache der Beeinträchtigung, auch nichts über den Grad der Förderbarkeit. Er stellt eher eine Festschreibung mit allen negativen Konsequenzen dar, die sich an »unseren Normen« orientiert, die aber ein absolut untauglicher Vergleichsmaßstab sind. Das Anderssein des so Etikettierten stellt nur den Versuch seines Organismus dar, mit den verbliebenen Möglichkeiten optimal zurechtzukommen.

Das Down-Syndrom

Die folgenden Abschnitte sollen einen kurzen Überblick über das Bild dieser Erkrankung geben, keine Gesamtschau, wie sie *Wunderlich* (62) gegeben hat.

Wichtig ist, daß das Down-Syndrom heute zunehmend als Erkrankung angesehen wird und nicht mehr als irgendeine Spielart menschlichen Seins, obwohl z.B. zwischen *Rett* (Zuordnung zu den hirnorganischen Schädigungen bei Anerkennung der »Eigenständigkeit« des Krankheitsbildes, 42, S. 34) und *Wunderlich* (stärkere Betonung grundsätzlich anderer struktureller Gegebenheiten, 62, S. 65) erhebliche Auffassungsunterschiede bestehen. Dadurch wird in zunehmendem Umfang anerkannt, daß eine Behandlungsfähigkeit und eine Notwendigkeit zur Behandlung besteht. Ihr Ziel ist (noch) nicht die Heilung, sondern die Verbesserung der Lage der Betroffenen durch ein Bündel aufeinander abgestimmter Maßnahmen aus allen Bereichen der Medizin, Psychologie und Pädagogik.

Das Down-Syndrom wird ziemlich automatisch mit einer »geistigen Behinderung« gleichgesetzt. Das ist ungemein gefährlich und fragwürdig, weil es die Chancen eines Down-Kindes von vornherein reduziert, seine Individualität überhaupt nicht berücksichtigt.

Wo letztlich die Ursachen für die statistisch gesehen tatsächlich vorhandene durchschnittliche Beeinträchtigung gewisser Fähigkeiten liegen, erscheint nach den vorliegenden Veröffentlichungen noch absolut ungeklärt.

Zur Namensgebung der Erkrankung

Der Engländer *Langdon Down* verursachte 1866 bei dem Versuch einer »ethnischen Klassifizierung von Schwachsinnigen« die Begriffsbildung »Mongoloidismus« für diese Erkrankung. Andere Bezeichnungen sind (Langdon) Down('s) Syndrom, Down's Anomalie, Acromicria und auch Trisomie 21.

Das Krankheitsbild des Down-Syndroms umfaßt die (freie) Trisomie 21 (G), den Translokations-Mongolismus (auch: Translokations-Trisomie) und den Mosaik-Mongolismus.

Die Verwendung des Begriffes Trisomie ohne weitere Angaben ist falsch. Eine Trisomie als dreifaches Vorhandensein eines Chromosoms ist grundsätzlich bei allen Chromosomen möglich.

Die kritischen Einwände gegen den Begriff »Mongol(oid)ismus« wegen der rassischen Diskriminierung eines Volkes bzw. einer Rasse, werden in allen jüngeren Veröffentlichungen durchaus anerkannt. Es wird dort darauf verwiesen, daß eine klare Unterscheidung zwischen den Charakteristika dieser Rassen und den besonderen äußeren Merkmalen der Erkrankung gemacht werden kann, aus denen hervorgeht, daß hier durchaus zwei verschiedene Phänomene vorliegen. Dennoch bleibt man aus Gründen der Allgemeinverständlichkeit weitgehend beim herkömmlichen Begriff. *Rett* fügt hierzu noch an, daß weder der Begriff »Down-Syndrom« noch die Begriffe »Mongolismus« und »mongoloid« völlig korrekt sind. Besonders scharf aber wendet er sich gegen die im deutschen Sprachraum gebräuchlichen Diminuitive »Mongi«, »Mongölchen« und »Mongerl«. (Hier einzuordnen wäre wohl auch das Wort »Mongo«). »Keine Verkleinerungsform einer Krankheitsbezeichnung mildert die Krankheit, sie verzerrt lediglich das Tragische ins Groteske, es verniedlicht, wo es nichts, aber auch gar nichts zu verniedlichen gibt.« (*Rett*, 42, S. 11).

In dieser Arbeit wird der Begriff »Down-Syndrom« verwendet. In Ermangelung eines geeigneten Adjektivs kann auf den Begriff »mongoloid« aber nicht verzichtet werden.

Entstehungsmechanismen, Formen und mögliche Ursachen

Die Vielzahl der beim Down-Syndrom auftretenden Veränderungen führte schon 1932 Waardenburg zu der Vermutung, daß hier eine Chromosomenstörung vorliegen müsse. Aber erst die Verbesserung der Herstellung zytologischer Präparate in den fünfziger Jahren erlaubte diesen Nachweis. Die 46 Chromosomen der menschlichen Zellen sind in 23 Paaren angeordnet. Davon sind 22 Autosomen-Paare, und 1 Paar enthält die Geschlechtschromosomen XX oder XY. Die Autosomenpaare werden nach der Größe und dem Sitz der Zentromeren in die Gruppen A bis G eingeordnet und durchnummeriert. Damit durch die Befruchtung der Keimzelle und das damit verbundene Hinzutreten von 23 Chromosomen aus der Keimzelle des Geschlechtspartners die Gesamtzahl der Chromosomen nicht überschritten wird, verringert sich bei der Reifung der Keimzellen die Zahl auf 23 einfache Chromosomen. Dieser Prozeß der Reduzierung, die aus zwei Kernteilungen bestehende Meiose (I und II), läuft in der sogenannten Reifungsteilung (auch: Reduktionsteilung) ab. Es handelt sich um zwei aufeinanderfolgende Kernteilungen, bei denen Ei- bzw. Samenzellen mit halbiertem Chromosomensatz entstehen.

Eine Störung im Ablauf dieses Prozesses führt dazu, daß das Auseinanderweichen des Chromosomenpaares 21 (Gruppe G) unterbleibt (Non-Disjunktion).

Die Störung kann in unterschiedlichen Phasen auftreten:

a) während der Meiose I
b) beim Übergang von Meiose I in Meiose II
c) während der Meiose II

Auch bei den Zellteilungen nach der Befruchtung kann die Non-Disjunktion noch auftreten. (Siehe Mosaik-Mongolismus).

Die (freie) Trisomie 21 (G)

Die Trisomie 21 (G) stellt mit etwa 94 % die häufigste Form des Down-Syndroms dar. »Frei« bedeutet dabei, daß keine Translokation, also keine Bindung des überzähligen Chromosoms an ein anderes Chromosom vorliegt. Das überzählige Chromosom wird in *allen* Zellen gefunden. Die (freie) Trisomie 21 (G) ist nicht erblich.

Ging man früher davon aus, daß die Non-Disjunktion nur in der weiblichen Keimzelle erfolgen kann, so ist nunmehr nachgewiesen worden, daß sie auch in der Samenzelle möglich ist.

Mosaik-Mongolismus

Im Gegensatz zur Trisomie 21 finden sich beim Mosaik-Mongolismus Zellen mit normalem Chromosomensatz neben solchen mit 47 Chromosomen. Als Ursache wird hierbei eine Non-Disjunktion bei den mitotischen Zellteilungen nach der Befruchtung angenommen. Der Prozentsatz der Zellen mit abweichendem Chromosomensatz liegt um so höher, je früher die Non-Disjunktion aufgetreten ist. Klare Aussagen darüber, ab welchem Prozentsatz abweichender Zellen das Krankheitsbild des Down-Syndroms auftritt, liegen nicht vor. Offenbar besitzt der Körper des Menschen die Fähigkeit, fehlerhafte genetische Informationen in einem gewissen Umfang auszugleichen.

Der Mosaik-Mongolismus kann an Kinder der Betroffenen vererbt werden, wenn in den Fortpflanzungsorganen ein Mosaik mit einem bestimmten Prozentsatz von Zellen mit Trisomie 21 vorhanden ist.

Die körperlichen und psychisch-geistigen Entwicklungsmöglichkeiten von Kindern mit Mosaik-Mongolismus werden im allgemeinen etwas günstiger als diejenigen von Kindern mit Trisomie 21 (G) beurteilt, doch soll es auch Ausnahmen geben.

Translokations-Mongolismus (Translokations-Trisomie)

»Besteht eine Verbindung zwischen einem größeren Teil eines Chromosoms mit einem Teil eines anderen Chromosoms und ist hieraus ein neues, ganzes und genetisch wirksames Formelement entstanden, sprechen wir von einer sogenannten Translokation.« (Wunderlich 62, S. 29).

Das Chromosom 21 ist bei allen häufigen Translokationen beteiligt. Es lagert sich bereits vor der Reifungsteilung an ein anderes Chromosom an, meistens der Gruppen D und G, wodurch ein sogenanntes Translokations-Chromosom entsteht.

Eltern als Träger eines Translokations-Chromosoms können völlig »normal« sein, es besteht aber bei ihnen ein erhöhtes Risiko, ein mongoloides Kind zu bekommen. (Die Mutter als Träger: 10–12 % Risiko, der Vater als Träger: 2–3 %.) Der Translokations-Mongolismus ist also erblich.

Para-Mongolismus

Unter diesem Begriff werden Fälle zusammengefaßt, bei denen zytologisch ein Nachweis der vorstehend beschriebenen Chromosomenaberration (bisher?) nicht gelingt, die aber durch die körperlichen Stigmata als zum Down-Syndrom zugehörig erscheinen.

Über die Ursachen der Entstehung des Down-Syndroms liegen vielerlei Vermutungen, aber erst wenige gesicherte Erkenntnisse vor. Nachgewiesen ist die Korrelation zwischen dem Lebensalter der Mutter bei der Trisomie 21 (G) und der Geburtenzahl mongoloider Kinder, nach Rett (42, S. 19) möglicherweise auch zu dem des Vaters bei der Herkunft des Chromosoms 21 aus der Samenzelle. Der Nachweis der Herkunft von Mutter oder Vater gelingt aber bisher nur, wenn zwischen dem Chromosom 21 der Mutter und des Vaters erkennbare Unterschiede bestehen.

Über welche Mechanismen sich das Lebensalter auf die Non-Disjunktion auswirkt, ist noch weitgehend ungeklärt.

Rett (42, S. 21) weist auf die Möglichkeit einer biologisch-genetischen Erschöpfung und biochemischer und hormoneller Veränderungen hin. Aber auch Einflüsse durch vorangegangene Geburten, durch Unregelmäßigkeiten der Menstruation und Röntgen-Belastungen, durch Chemikalien und Medikamente, Viruserkrankungen, Vitaminmangelzustände usw. sind in Betracht zu ziehen. Außerdem kann auch die Möglichkeit einer genetischen Prädisposition nicht ganz ausgeschlossen werden.

Häufigkeit der Erkrankung

Die Frage der Häufigkeit der Erkrankung ist weniger für die betroffenen Eltern, sondern eher für Politiker, Ärzte, Pädagogen, Soziologen und Psychologen von Interesse. Sie gewinnt zunehmend an Bedeutung, da durch die Verbesserung der ärztlichen Versorgung ebenso wie durch die verstärkten heilpädagogischen Bemühungen die Lebenserwartung mongoloider Kinder deutlich wächst.

Dieser vergrößerten Lebenserwartung steht eine Einführung der Früherkennung während der Schwangerschaft durch Fruchtwasseruntersuchungen und die Erleichterung des Schwangerschaftsabbruches gegenüber, so daß zusammen mit den zur Zeit sinkenden Geburtenziffern mit einer allmählichen Abnahme der absoluten Zahl der Kinder mit Down-Syndrom zu rechnen ist. (Das Untersuchungsrisiko für das Kind beträgt etwa 1 %).

Die Vergrößerung der Zahl erwachsener Menschen mit Down-Syndrom erfordert jedoch eine erhebliche Verbesserung der hierfür notwendigen Einrichtungen (u.a. Werkstattplätze, Wohnmöglichkeiten).

Die Zahl der Schwangerschaften, bei denen eine Chromosomenaberration vorliegt, ist erheblich größer als die Zahl der damit tatsächlich lebend geborenen Kinder, weil derart geschädigte Feten eine wesentlich erhöhte Tendenz haben, vorzeitig zum Abort zu führen.

Da das Vorliegen des Down-Syndroms bei den Kriterien für die Schwangerschaftsunterbrechung ausdrücklich genannt wird, wäre es interessant zu untersuchen, ob und wie diese Tatsache das Bild von mongoloiden Kindern in der Bevölkerung beeinflußt.

Das Risiko der Geburt eines mongoloiden Kindes steigt vom 34. bis zum 41. Lebensjahr von 0,12 % auf 1,0 % an.

Körperliche Veränderungen

Das Down-Syndrom geht mit einer großen Zahl von körperlichen Veränderungen, zum Teil auch mit Mißbildungen einher. Wo dabei die Abgrenzung zur Mißbildung liegt, soll hier nicht diskutiert werden. Auch über die Häufigkeit der einzelnen Veränderungen werden hier nur wenige Angaben gemacht. Es erfolgt nur eine Auflistung, wobei Vollzähligkeit nicht angestrebt und erreicht wird.

Die Angaben wurden aus *Rett* (42), *Wunderlich* (62), *Pschyrembel* (41) und *König* (34) zusammengetragen. Zitate sind in diesem Absatz wegen der besseren Übersichtlichkeit nicht gekennzeichnet.

Über eine ganze Reihe von körperlichen Symptomen besteht offenbar noch keine Einigkeit (z.B. über die Frage der Zungengröße), und eine ganze Reihe von Veränderungen könnten eher Folgeerscheinungen der eigentlichen Behinderung sein, die möglicherweise teilweise vermeidbar wären.

Kopf und Hals

Brachyzephalie (Kurzköpfigkeit: Längsdurchmesser kommt dem Querdurchmesser nahe), bei der Geburt noch wenig ausgeprägt, später deutlicher. Zusammenhang mit Hirnentwicklung vermutet. Es kommen auch Mikrozephalien und Hydrozephalien vor, ebenso kleine, aber innerhalb der Norm liegende Schädel.

Veränderungen an Schädelnähten und Schädelform.

Gering entwickelter Gesichtsschädel.

Lidachsen verlaufen schräg nach außen (»Mongoloide Lidachsenstel-

14

lung«). Hypertelorismus (vergrößerter Pupillenabstand). Dieser ist jedoch meist durch die flache Nasenwurzel vorgetäuscht.

Schmaler, hoher Gaumen (Nach anderen Angaben im Verhältnis zur verringerten Schädelgröße nicht anomal).

Harter Gaumen verkürzt.

Mikrodontic (Pathologisch kleine Zähne).

Anodontien (Fehlen einzelner Zähne bzw. Zahnanlagen, besonders der oberen »Zweier«).

Stellungsanomalien der Zähne.

Hypertrophie (Vergrößerung) der Rachen- und Gaumenmandeln.

Kehlkopfveränderungen. Sie sind mit die Ursache für die rauhe, tiefe Stimme.

Mund wirkt klein, kann aber verblüffend breit werden, meist halboffen.

Lippen trocken und rissig.

Allgemeine Veränderungen der Schleimhäute.

Zunge massig, dick, meist sehr spitz zulaufend und überlang. (Makroglossie, besonders bei Kleinkindern und Säuglingen obligat. Diese Angabe bleibt aber nicht unbestritten.)

Zunge gefurcht (bei Säuglingen selten, ab 5. Lebensjahr fast obligat). Übermäßige Ausbildung der Geschmackspapillen.

Nase klein, Nasenhöhle eng, Nasenscheidewandverkrümmungen.

Haut besonders trocken, bei behaarter Haut oft Schuppenbildung.

Augen mit einem hohen Prozentsatz angeborener Anomalien: Stellungsanomalien, Störung des (Bewegungsvermögens), Kurzsichtigkeit durch verkürzten Augapfel, Brushfield'sche Zeichen (weißlich-gelbe Verdichtungen der Iris). Epicantus (mongoloide Lidfalte).

Ohren klein, plump, wenig modelliert, häufig abstehend, kleines Ohrläppchen, Tragus (Knorpelerhebung vorn vor dem Gehörgang) kann fehlen.

Behaarung: Kopfhaar in der Regel nur wenig gewellt, meist ganz glatt, manchmal stroh-trocken, häufig aber dünn und fein, fast immer schütter.

Augenbrauen häufig fast strichförmig, dünn, in der Mitte zusammengewachsen.

Wimpern schütter.

Nackenhaare gehen häufig in Halsbereich über.

Lanugo-Behaarung (Flaum) oft bis ins Schulalter. (Verschwindet sonst bereits etwa zu Geburtszeit.)

Alopezie (kreisförmiger Haarausfall, häufig in der Pubertät).

Hals kurz und breit, anfangs große Beweglichkeit des Kopfes.

Rumpf

Mißbildungen am Herzen und im Kreislaufsystem: Die Angaben schwanken von 12–75 %. (Zu den einzelnen Veränderungen siehe *Rett* 42, S. 48 f.)

Brustkorb gestaucht, mit abfallenden Schultern, sehr beweglich. Dabei handelt es sich weniger um Veränderungen der knöchernen Teile, sondern mehr um vergrößerte Nachgiebigkeit der knorpeligen Teile der Rippen.

Die Atmung des Kindes mit Down-Syndrom ist in der Regel sehr flach. Durch den Sitzbuckel, eine typische Haltungsstörung, ist die Durchlüftung der Lungen nicht gut.

Unterleib

Großer Bauch (mehrere Gründe: Geringe Peristaltik durch ballastarme Nahrung, Blähungen, Verstopfung, größerer Dickdarm, Schwäche der Bauchdeckenmuskulatur, Haltungsfehler).

Mißbildungen im Verdauungstrakt.

Rectus-Diastase (Der aus zwei Teilen zusammenwachsende, den Bauch deckende Muskel bleibt in unterschiedlichem Grade offen).

Nabelbruch (47 %)

Leistenbruch (10 %)

Mißbildungen im Bereich der Geschlechtsorgane.

Skelett

Kurze plumpe Hände und Finger bzw. Füße und Zehen (Akromikie = abnorme Kleinheit der Enden der Gliedmaßen und des Skelettsystems).

Becken-Veränderungen (Veränderungen der Winkelmaße).

Coxa-valga-Stellung des Beckens (= nach vorn gekipptes Becken), bedingt den charakteristischen »knieweichen« Gang, der seinerseits wiederum zum größeren Kraftaufwand beim Stehen und Gehen Anlaß gibt.

Überstreckbarkeit aller Gelenke.

Der Fuß zeigt einen übergroßen Abstand der Großzehe von der 2. Zehe (Sandalenlücke) und ist immer ein Knick-Spreizfuß.

X-Bein-Stellung (obligat).

Daumen meist sehr hoch angesetzt (Tatzenhand).

Klinodaktylie (nach innen gerichtete Krümmung der Endglieder des kleinen Fingers).

Verkürzung von Oberarm- und Oberschenkelknochen.

Hypotonie der Muskulatur (herabgesetzte Muskelspannung).

Veränderung der Trophik (Ernährung).

Hautfurchen und Papillarmuster

Vierfingerfurche (in einem hohen Prozentsatz vorhanden, kann aber fehlen).

Tiefe Furche zwischen erster und zweiter Zehe.

Veränderungen im Bereich der Papillaren.

Geburt und Wachstum

Der Geburtstermin liegt bei 60–70 % der Down-Kinder um 2–3 Wochen vor dem errechneten Termin.

Das Geburtsgewicht ist ca. 400 g geringer.

Down-Kinder weisen auch eine geringere Körpergröße auf (Ø 49 cm).

Rundlicher Minderwuchs.

Längenwachstum: Im ersten Lebensjahr zeigen 2/3 der Down-Kinder normale Längenwerte, zwischen dem 2. und 4. Lebensjahr noch 1/3 und zwischen dem 12. und 18. Lebensjahr nur noch 1/5. Gewichtsvergleiche liegen nicht vor, jedoch zeigen Patienten mit Down-Syndrom eine allgemeine Tendenz zu Adipositas (Fettleibigkeit).

Es scheint noch immer nicht überall selbstverständlich zu sein, daß Patienten mit Down-Syndrom die gleiche intensive ärztliche Betreuung und Behandlung erfahren wie »normale« Patienten (siehe *Wunderlich 62*, S. 102 f., S. 107). Intensive Untersuchungen sind schon deshalb wichtig, weil der Down-Patient häufig nicht oder nicht ausreichend auf Fragen über sein Befinden antworten kann. Die Skala der notwendigen Maßnahmen beginnt bei der rein medizinischen Versorgung von Erkrankungen und Veränderungen, wobei besonders augenärztliche Betreuung, zahnärztlich-kieferorthopädische Maßnahmen, orthopädische Maßnahmen, Behandlung der Herz- und Kreislauferkrankungen und der akuten und chronischen Infekte der Luftwege im Vordergrund stehen.

Die insgesamt notwendigen Maßnahmen reichen aber weit hinein in die Bereiche der Pädagogik und Psychologie und umfassen auch Elternberatung und pflegerische Hinweise. Erst im Zusammenwirken dieses Bündels an Maßnahmen kann eine dem heutigen Wissensstand entsprechende Betreuung und Förderung geleistet werden.

Eine Heilung der Erkrankung ist nach Meinung der genannten Autoren zur Zeit noch nicht möglich, obwohl solche Hoffnungen immer wieder geweckt werden.

Entwicklung, Intelligenz und Verhalten

Die vielfältigen körperlichen Veränderungen zeichnen noch nicht das ganze Bild. Auch in seiner Entwicklung, in dem, was man mit Intelligenz

17

definiert, und in seinem Verhalten zeigt das Kind mit Down-Syndrom deutliche Abweichungen von den Durchschnittswerten.

Das bereits unter ungünstigen Bedingungen geborene Kind (geringeres Geburtsgewicht, zu frühe Geburt) ist in der Regel recht still und teilnahmslos, es schreit wenig und wird selbst beim Vorhandensein von Unlustgefühlen selten unruhig. Es hat Schwierigkeiten beim Saugen. Das Erlernen des Sitzens (mit ca. 1 Jahr), des Laufens (2.–3. Lebensjahr) und des Sprechens (Beginn im 4. Lebensjahr, jedoch große Unterschiede) verläuft erheblich verzögert.

Auch die körperliche Entwicklung verläuft verlangsamt, das Zahnen erfolgt verspätet. »Die geistige Entwicklung bleibt auf der Stufe eines 6–7 jährigen Kindes stehen.« (*Pschyrembel* 41, S. 783). Nach verbreiteter Ansicht endet die Förderungsfähigkeit mit dem Eintritt der Pubertät fast völlig, wobei die Frage zu untersuchen wäre, ob das nicht auch auf mangelnde Anregungen und fehlende *geeignete* Fördermaßnahmen zurückzuführen ist.

Die intellektuellen Fähigkeiten bleiben auf einem sehr niedrigen Niveau. »Der Durchschnitt aller Angaben über den IQ beim Down-Syndrom bewegt sich in seinem Mitelwert zwischen 26 und 49, wobei die Ergebnisse neuerer Untersuchungen deutlich über den Werten älterer Erhebungen liegen. Mit zunehmendem Alter wurde eine fallende Tendenz des IQ festgestellt, während das Reifealter weiter anstieg« (*Wilken* 61, S. 18).

Down-Patienten gelten als unfähig, abstrakt zu denken. Es wird ihnen ein freundliches, heiteres, gutmütiges Verhalten nachgesagt, große Instinktsicherheit, Anhänglichkeit, gute Merkfähigkeit, Freude an Musik und besonders Rhythmus und relativ gute grobmotorische, weniger aber feinmotorische Fähigkeiten.

Mit einiger Wahrscheinlichkeit bleiben Kinder mit Down-Syndrom aber auch in den Bereichen, die als ihre besonderen Stärken beschrieben werden, unter dem, was normalentwickelte Kinder gleichen Alters leisten, nur fallen diese Leistungen auf dem Hintergrund des allgemeinen Versagens stärker auf.

Wichtiger sind Überlegungen, ob der endogene Faktor der Chromosomenaberration wirklich zwangsläufig zu einer Behinderung dieses Ausmaßes führen muß, bzw. in welchem Umfang exogene Maßnahmen, geeignete Umwelteinflüsse im weitesten Sinne, dies verhindern können.

Wilken stellt diese Zwangsläufigkeit in Frage. Sie äußert die Vermutung, »daß die Chromosomenaberration beim Down-Syndrom nicht nur direkt eine geistige Behinderung bewirkt, sondern zu umfangreichen Behinderungen derjenigen Funktionen führt, die die geistige Entwicklung ermöglichen.« Sie weist auf die angeborene Schlaffheit und Apathie dieser

Säuglinge hin, die sie in ihren Bewegungserfahrungen und allen damit verbundenen Stimulationen beeinträchtigen, wodurch dem Gehirn der entsprechende »input« fehlt, was wiederum den »output« beeinträchtigt und so die wechselseitige Beeinflussung von Hirnreifung und Körperfunktionsreifung. Möglicherweise findet nach *Wilken* hier auch die »mangelnde visuelle und auditive Wahrnehmungstüchtigkeit« ihre Erklärung. Zur Überwindung dieser »umfassenden sensomotorischen Deprivation« sieht sie die Kompensation der »mangelnden Eigenaktivität der Down-Kinder durch vermehrte Fremdaktivität« durch »systematisches Perzeptions- und Bewegungstraining« als einen richtigen Weg. Diese Auffassung der Minderbegabung beim Down-Syndrom nicht nur als »Produkt einer sich im Entwicklungsprozeß beständig multiplizierenden umfassenden Lern- und Erfahrungseinschränkung« ermutigt zu intensiven Förderbemühungen besonders in den ersten Lebensjahren, die durch die rasche Diagnostik des Down-Syndroms aufgrund der körperlichen Auffälligkeiten wesentlich früher als bei anderen Erkrankungen einsetzen könnten. (Alle vorstehenden Zitate: *Wilken* 61, S. 24 f.) Das ist deshalb so wichtig, weil nach einer Studie von Benda (3) »das mongoloide Kleinkind, wenn es unbehandelt bleibt, sehr rasch an verschiedenen Degenerationserscheinungen leidet, die dann nicht mehr rückgängig gemacht werden können.«

Erst nach einer solchen Beseitigung der konsekutiven Verbildungen wird sich das Bild der eigentlichen Erkrankung deutlicher darstellen, und erst dann wird man auch den Anteil der Minderbegabung feststellen können, der direkt durch sie hervorgerufen wird.

Sprachentwicklung

Bevor auf die Sprachentwicklung von Kindern mit Down-Syndrom eingegangen wird, soll kurz ein Blick auf die normale Sprachentwicklung geworfen werden.

Das Sprechen muß erlernt werden, und zwar sowohl die dabei erforderlichen Bewegungsabläufe wie auch das Zeichensystem. Die am Sprechen beteiligten Muskelsysteme haben eigentlich andere Primärfunktionen (Atmung und Nahrungsaufnahme), und so »erfolgt ein großer Teil der Muskelübungen auch im Bereich dieser primären Aufgabe« (*Wilken* 61, S. 33). So bilden »die von den angeborenen Hirnzentren gelenkten Instinkthandlungen der Saug-, Schluck- und Atemreflexe . . . die wichtigste motorische Grundlage zur Entwicklung der Sprechbewegungen.« (*Arnold*, S. 70, zitiert bei *Wilken* 61, S. 34).

Das Saugen vermittelt kinästhetische Reize (Bewegungsreize). Lippen und Zungenmuskulatur werden dabei geübt. Das Schreien wird rasch differenzierter, und es wird eine Vielfalt von Urlauten produziert. Das

Erlernen des Sitzens mit etwa 6 Monaten stellt eine wesentliche Gesichtsfelderweiterung dar. Das Kind ergreift gezielt Gegenstände und steckt sie untersuchend, daran lutschend und leckend und darauf herumbeißend in den Mund. Die Ernährung wird auf feste Speisen umgestellt, die mit der Zunge hin- und her bewegt werden, wodurch diese beweglicher wird. Es beginnen die Lallmonologe, dann das Nachahmen von Lauten der Umgebung. Mit etwa 9 Monaten erfolgt die Zuordnung von Gegenständen zu Lauten und Lautkombinationen. Das Sprachverständnis wächst, das Kind selbst befindet sich aber noch in einer »Phase der echten Kindersprache mit intentionaler Kundgabe und Echolalie.« (*Arnold* S. 80, zitiert bei *Wilken* 61, S. 35). Noch im ersten Lebensjahr treten die ersten Einwortsätze auf. *Rett* (42, S. 71) verweist nachdrücklich darauf, daß »das gesunde Kind mit der aktiven Wortsprache erst beginnt, nachdem es gelernt hat, »frei« zu gehen, also eine gewisse Stufe der Körperbeherrschung erreicht hat.

Die überragende Bedeutung der Motorik für den Spracherwerb ist allgemein anerkannt, ebenso die Bedeutung der Übung der Gesamtmotorik bei Störungen im Bereich der Sprache.

Kinder mit Down-Syndrom erlernen das Sprechen im Durchschnitt erst im 4. Lebensjahr, wenn auch mit breiter zeitlicher Streuung.

Einige der Ursachen dafür sind direkt aus der oben kurz dargestellten Entwicklung von gesunden Kindern ablesbar: Down-Kinder haben Schwierigkeiten beim Saugen. Sie schreien wenig, atmen flach, werden als still und teilnahmslos beschrieben. Damit fällt bereits ein umfangreiches Gebiet der Vorübung zum Sprechen zumindest teilweise aus, wobei noch nicht in Betracht gezogen ist, daß sie aufgrund der angeborenen Behinderung (ohne konsekutive Beeinträchtigungen) wahrscheinlich ein gegenüber gesunden Kindern weit höheres Maß an Vorübung nötig hätten.

Down-Kinder erlernen das Sitzen sehr viel später, sind also auch in ihren Aktivitäten zum Wahrnehmen, »Ergreifen« und Untersuchen der Umwelt wesentlich behindert. Sie erhalten wahrscheinlich regelmäßig länger flüssige oder breiartige Nahrung: Die Übung der Zunge wird verzögert. Die Schneidezähne brechen verspätet durch.

Das von *Rett* als Voraussetzung für das Sprechen genannte Laufenlernen erfolgt erst im 2.–3. Lebensjahr.

Die Frage, ob Down-Kinder aufgrund des Grunddefektes eine mangelnde visuelle und auditive Wahrnehmungstüchtigkeit besitzen oder ob dies eine Folgebehinderung ist, »die aus der in der bedeutungsvollen Frühphase bestehenden Unfähigkeit resultiert, ankommende Reize den aussendenden Reizquellen zuzuordnen« (*Wilken* 61, S. 24 f.), scheint noch ungeklärt. *Rett* (42, S. 75 f.) berichtet über Forschungsergebnisse, nach denen bei Down-Kindern Hörstörungen häufiger zu finden sind als bei nicht-mongoloiden geistig retardierten Kindern. (In der Zeitschrift »das behinderte Kind« 5/1979 S. 94 wird die Zahl von 64 % genannt.) Die Ursachen werden in »Störungen der Schalleitung« gesehen. Die von Rett genannten Autoren weisen aber auch auf Befunde hin, »die den Schluß zulassen, daß zentrale Hemmungsmechanismen bei Mongoloiden den sensorischen Input nicht optimal zu regeln vermögen.«

Rett bestätigt auch die Erfahrung, »daß die auditive Aufmerksamkeit als integrierender Teil des Hörens bei Mongoloiden vermindert ist. Dies ist die Erklärung dafür, daß Mongoloide sehr häufig, sich offenbar abkapselnd, einfach nicht hören wollen.«

Hinzu kommen Beeinträchtigungen körperlicher Art, die unabhängig von den vorher genannten Faktoren das richtige Sprechen weiter erschweren:

Zahnstellungsanomalien, für den zur Verfügung stehenden Raum offenbar zu große Zunge, Vergrößerungen der Tonsillen, Veränderungen des harten und weichen Gaumens, Verringerung von Länge und Beweglichkeit des Gaumensegels, unzulängliche Ausbildung der Stimmbänder und zu hohe Plazierung des Kehlkopfes, Veränderungen im Bereich der Nase, Verringerung der Vitalkapzität. Diese körperlichen Veränderungen bedingen unter anderem eine Abweichung in der Form der Resonanzräume und eine Verlagerung der Artikulationsorte und sind möglicherweise eine der Ursachen für die übereinstimmend als auffällig beschriebene rauhe, heisere, tiefe, wenig modulationsfähige (usw.) Stimme der Down-Patienten.

Außerdem kommen noch psychologische Barrieren hinzu, die dem Down-Patienten ein normales Sprachverhalten erschweren. Die grundsätzlich verspätete Entwicklung birgt die Gefahr, daß das Kind sich auf die Verständigung mittels »Deuten, Hinweisen mit Gesten und primitiven Lauten eingefahren« hat (*Rett* 42, S. 72), eine Verständigungsmöglichkeit, die es mit recht großem Geschick handhaben kann und aus der es nach *Rett* »dann allerdings kaum mehr einen Ausweg« gibt.

Rett berichtet davon, daß Sprachverständnis und Sprachvermögen weit auseinanderklaffen und fordert unablässiges Bemühen um die Sprachentwicklung, bis das Sprachvermögen dem Sprachverständnis angenähert ist. Er nimmt auch an, daß dem Patienten früh bewußt wird, daß er »noch nicht richtig sprechen kann« (42, S. 74), worauf er mit Angst und einer totalen Blockade (»Nicht-Wollen«) reagiert. »Diese Entwicklungsmölichkeit führt zu einer der kompliziertesten und gleichzeitig deprimierendsten Phänomene des Mongoloiden. Je älter der mongoloide Jugendliche und Erwachsene wird, um so mehr reduzieren sich seine Sprach-Kontakte. Er ist immer seltener bereit zu sprechen. Spricht er, dann in seiner eigenen Sprache, nur mehr mit sich selbst.« (42, S. 75).

Außerdem treten Sprach-Rhythmus-Störungen auf. *Rett* erklärt dieses Verhalten mit der »Erwartungsangst«, nicht korrekt und ausreichend genug verstanden zu werden, wobei diese Angst durch ein forderndes Verhalten der Umgebung noch verstärkt wird.

Die vielfältigen Schwierigkeiten der Kinder mit Down-Syndrom veranlaßten *Wilken,* für diese Gruppe von Behinderten einen eigenen Weg der Sprachförderung zu suchen. Sie weist besonders auf die Notwendigkeit sehr früh einsetzender Hilfen hin und gibt eine Fülle von Anregungen, wie eine bessere Sprachentwicklung bereits lange vor dem Einsetzen des eigentlichen Spechens vorbereitet werden kann.

Die Sprachheilbehandlung im engeren Sinne ist bei Kindern mit Down-Syndrom offenbar bisher als praktisch nutzlos angesehen worden. Bei ihnen »sind die typischen Stimm- und Sprachstörungen als fest eingeschliffene falsche Bewegungsmuster der Sprechorgane zu sehen, die eine dementsprechende langwierige Korrektur und ein mühsames Um- bzw. Neulernen erfordern.« (*Wilken* 61, S. 82). Dabei ergeben sich jedoch Schwierigkeiten, weil Down-Patienten für die üblichen logopädischen Übungen nur schwer zu begeistern sind. »Für Down-Kinder müssen also solche Therapieformen gesucht werden, die ihre besonderen Fähigkeiten im sozialen und imitativen Bereich derart nutzen, daß eine optimale Übungsbereitschaft und Lernleistung ermöglicht wird.« (*Wilken* 61, S. 83).

»Teufelskreise«

Als Abschluß der skizzenhaften Betrachtung des Down-Syndroms soll hier das kurz zusammengefaßt werden, was Rett als »Teufelskreise« bezeichnet hat. Es sind dies körperliche und psychologische Zusammenhänge, die in der Betreuung des Down-Patienten beachtet werden müssen, wenn ihm kein Nachteil entstehen soll.

Das Eingehen auf Gesten

Rett weist darauf hin, daß das Nichteingehen auf das Deuten von *allen* Personen in der Umwelt des Kindes eingehalten werden muß, weil das Kind anderenfalls das Erfolgsrezept des Beharrens beibehält, auf alle Bereiche des Alltags überträgt und immer wieder neu ausprobiert.

Dies ist eine sinnvolle Forderung, nur weiß ich keinen Weg, wie sie zu erfüllen ist bei einem Kind, das man gleichzeitig einer Fülle von Stimulationen aussetzen soll (wobei der Kontakt mit vielen anderen Menschen eingeschlossen ist) und das eine Schule bzw. Tagesstätte besucht.

Chronische Obstipation (Verstopfung)

Down-Patienten neigen zur Verstopfung. Daran sind einerseits die besonderen Darmverhältnisse beteiligt, andererseits hängt dies aber auch eng mit der Ernährungsweise in den ersten Lebensjahren zusammen, die aufgrund der verzögerten Gesamtentwicklung (u.a. auch verspätetes Zahnen) und der fehlenden Bereitschaft zu kauen sehr lange breiartig und ballaststoffarm ist. Dadurch wird die Darmperistaltik ungenügend angeregt. Hat der Patient dann längere Zeit keinen Stuhlgang, verdickt sich der Darminhalt und kann nur unter Schmerzen entleert werden, was zum Einhalten und so zur Verstärkung der Verstopfung führt. Hinzu kommen die allgemeine Bewegungsarmut und die zunehmende Trägheit. Viele ältere Downpatienten brauchen deshalb ständig Abführmittel. Eine Abhilfe ist nur durch das Anhalten zu mehr Bewegung und Zufuhr von Ballaststoffen möglich. Zur Vorbeugung vor drohendem Zahnverfall ist regelmäßige Zahnpflege erforderlich.

Bewegungsträgheit

Down-Patienten gelten als bewegungsunwillig. Die Ursachen hierfür sind aber möglicherweise weniger in einer grundsätzlichen Antriebsarmut zu sehen als vielmehr in einer falschen Rücksichtnahme und Behandlung im Kindesalter: Down-Kinder, die frühzeitig zur Krankengymnastik gebracht wurden und bald das Laufen erlernten, zeigen sich im allgemeinen viel bewegungsfreudiger als andere.

Die Bewegungsträgheit steht in einem recht engen Zusammenhang mit der Adipositas. Zunehmendes Körpergewicht führt dann durch die erhöhte Belastung des Herzens wiederum zu einer neuen Einschränkung der Bewegungsmöglichkeiten und zur Verstärkung der Adipositas. Hinzu kommt der reduzierte Muskeltonus, der durch mangelnde Aktivität besonders im Kindesalter noch verstärkt wird. Und schließlich spielt auch noch die X-Bein-Stellung hinein. »Die Belastung der Sprunggelenke durch die typische Fußform und die X-Bein-Stellung führt zu Fuß- und Knieschmerzen, diese verringern die körperliche Aktivität, dadurch kommt es zu rascher Gewichtszunahme, wodurch die Belastung der Hüft-, Knie- und Sprunggelenke erneut zunimmt.« (*Rett* 42, S. 54). Aus dem eben Gesagten ergeben sich mehrere Forderungen:

1. Frühzeitige krankengymnastische Behandlung
2. Intensive Förderung der motorischen Entwicklung
3. Orthopädische Behandlung
4. Kontrolle des Gewichts, ggf. Einschränkung der Nahrungsmenge.

Neigung zu Infektionskrankheiten der Luftwege

Bereits der Down-Säugling weist eine sehr flache Atmung auf. Später bildet sich oft ein Sitzbuckel heraus. Das führt zu einer mangelhaften Durchlüftung der Lunge und so zu bronchialen und pulmonalen Infekten und Erkältungen. Hinzu kommen weitgehende Mundatmung, Nicht-Aushusten-Können, ständig feuchte Kleidung im Brustbereich durch aus dem offenen Mund herauslaufenden Speichel.

Down-Kinder fallen oft von einem Infekt in den anderen, und durch die dann häufige Anwendung von Antibiotika entwickeln sie oft eine Resistenz gegen diese. Abhilfe können eine Verbesserung der Atmung, mehr Bewegung und Kontrolle des Speichelflusses bringen.

Kindliche Hirnschädigung

Es mag irritieren, daß hier noch einmal der Begriff der (früh-)kindlichen Hirnschädigung gesondert erscheint, rechnet doch z.B. Rett auch die Erscheinung des Mongolismus zu den hirnorganischen Schädigungen und ist doch eine Tendenz zu sehen, das, was man früher als Schwachsinn usw. bezeichnet hat, als die Folge hirnorganischer Schädigungen zu sehen. *Lempp* (25, S. 311) definiert noch folgendermaßen:

»Unter einer frühkindlichen Hirnschädigung fassen wir die Folgen aller Noxen zusammen, die in der Zeit zwischen dem 6. Schwangerschaftsmonat und dem Ende des 1. Lebensjahres auf das kindliche Gehirn eingewirkt haben.«

Rett (64, S. 7) versteht dagegen unter kindlicher Hirnschädigung »alle organischen Defekte innerhalb des Zentralnervensystems, zu dem Großhirn, Kleinhirn und das Rückenmark gehören, die bereits in der Embryonal- und Fötalzeit, vor, während oder unmittelbar nach der Geburt bzw. im Kindesalter entstanden und beobachtet wurden. Mit der Definition organischer Defekt wiederum sind alle Funktionsstörungen bezeichnet, die daraus entstehen, daß die für den normalen Ablauf der Hirn- und Rückenmarktätigkeit notwendigen Zellen bzw. Zellgebiete entweder nicht zur Entwicklung kamen oder durch akute oder chronische Prozesse zugrunde gegangen sind.« *Rett* verweist darauf, daß zwischen dem organischen Defekt innerhalb des Zentralnervensystems, der durch die Eigenheiten der Nervenzelle nicht ungeschehen gemacht werden kann, und seinen Auswirkungen auf die Psyche ein »geradezu schicksalhafter Zusammenhang« besteht, den der Begriff »organisches Psychosyndrom« gut widerspiegelt.

Die eigentliche Ursache hierfür sieht *Lempp* (25) in einer »Werkzeugstörung« oder »Teilleistungsschwäche«. Dem Kind fällt es durch die Schädigung des Zentralnervensystems schwerer, beim optischen Wahrnehmen Figuren vom Hintergrund zu unterscheiden, die Gestalt von Dingen zu erfassen oder, beim Hören, Laute oder Töne aufzunehmen bzw. von Hintergrundgeräuschen zu trennen. (Komxinationen zwischen diesen

Teilleistungsschwächen sind häufig.) Als *Teil*leistungsschwächen werden sie deshalb bezeichnet, weil nur ganz spezielle Fähigkeiten betroffen sind. Das bewirkt eine Beeinträchtigung der Wahrnehmungsvorgänge, die mannigfaltige Folgeerscheinungen für die Gesamtentwicklung des Kindes hat.

Der Grund für die hier erfolgte kurze Beleuchtung dieses Begriffes ist die Wahrscheinlichkeit, daß Andreas zusätzlich zu den mit dem Down-Syndrom zusammenhängenden Hirnschädigungen bei der Geburt noch eine weitere Hirnschädigung erlitten hat.

Hospitalismus

Das Kind, das hier beschrieben werden soll, hat sehr lange in Heimen und Krankenanstalten gelebt. Es ist daher auch notwendig, einen Blick darauf zu werfen, was unter »Hospitalismus« verstanden wird.

(Der Begriff wird hier im Sinne des psychischen bzw. pädagogischen Hospitalismus benutzt.)

Psychischer Hospitalismus ist die Reaktion des Kindes auf die Trennung von der Pflegeperson, auf den partiellen oder totalen Entzug affektiver Zuwendung, auf fehlenden Sozialkontakt, wodurch das Entstehen der ersten Objektbeziehungen verhindert wird, was nachhaltige Beeinträchtigungen der Gesamtentwicklung zur Folge hat. Welche Bedeutung affektive Zuwendung, »Dialog« und Körperkontakt haben, darauf haben z.B. *Spitz* (53, 54), *Montagu* (36) und *Müller-Braunschweig* (38) eindrucksvoll hingewiesen.

Es muß übrigens nicht die leibliche Mutter sein, von der die affektive Zuwendung kommt, eine andere gleichbleibende Pflegeperson, die sich dem Kind ebenso zuwendet, kann ein ausreichender Ersatz sein.

Zur Klärung sei darauf hingewiesen, daß es beim Hospitalismus ausschließlich um den *quantitativen* Mangel an Zuwendung geht. Qualitative Faktoren aus der Person der Mutter und ihrer Einstellung zum Kind führen zu *psychotoxischen* Störungen, mit denen sich *Spitz* (54) eingehend befaßt hat.

Nissen (25, S. 74) hat eine Übersicht über die verschiedenen Schweregrade des Hospitalismus aufgestellt. Sie soll hier etwas erläutert wiedergegeben werden.

Bei der Trennung von der Pflegeperson kommt es zum »Separationsschock« *(Bowlby).* Er verläuft in 3 Phasen:

1. Die Protestphase gegen die Trennung. (Dauer: Einige Stunden bis maximal einige Tage).
2. Die Phase der Verzweiflung. (Passive Ablehnung, Regression).

3. Die Phase der Ablehnung (Aufnahme von Scheinkontakten, jedoch »innere« Emigration).

Nach *Nissen* hängt der Verlauf der 3. Phase weitgehend davon ab, wie sich die Umwelt verhält, besonders davon, ob es gelingt, einen Mutter-Ersatz zu finden.

Die von *Spitz* beschriebene »anaklitische Depression« entwickelt sich nur bei Kindern, die nach vorher guter Mutter-Kind-Beziehung im 6.– 8. Monat von der Mutter getrennt wurden, in einem Alter, in dem sie die Mutter als Identifikationsobjekt dringend benötigen. Die Entwicklung dabei verläuft über gesteigerte Weinerlichkeit, Kontaktsuche (1. Monat), später Schreien, Eintritt von Gewichtsverlusten, Stagnation des Entwicklungsquotienten (2. Monat), Kontaktverweigerung, Beginn von Schlaflosigkeit, motorische Verlangsamung, erhöhte Infektanfälligkeit und erstes Auftreten eines starren Gesichtsausdruckes (3. Monat) bis hin zu einer Verfestigung dieses Gesichtsausdruckes, zunehmender motorischer Verlangsamung und Lethargie bei sinkendem Entwicklungsquotienten.

Wird die Trennung nach 3–5 Monaten beendet, so verschwinden diese Erscheinungen scheinbar restlos, doch vermutet Spitz dennoch »Narben« (54, S. 285) im emotionalen Bereich.

Dauert die Trennung jedoch an, so wird aus dem partiellen Entzug affektiver Zufuhr ein totaler Entzug, der über die »mentale Inanition« (Tramer) (= psychosomatische Störungen, irreversible psychische Schädigungen) zum »Hospitalismus« im engeren Sinne mit vitaler Bedrohung und Tod *(v. Pfaundler)* führt.

Die Mehrzahl der Kinder, die längere Zeit in Heimen sind, weist irreversible Schäden auf, die sich in einer insgesamt verzögerten Entwicklung beim Sitzen, Stehen, Laufen, Sprechen und bei der Sauberkeitserziehung zeigen und darüber hinaus alle weiteren Bereiche der Gesamtentwicklung einbeziehen. Als Begleiterscheinungen treten außerdem neurotische Störungen hinzu, wie z.B. Einnässen, Einkoten, Jaktationen, allgemeine motorische Unruhe, Aggressivität, genitale Manipulationen bis hin zu exzessiver Onanie, außerdem entweder Kontaktsüchtigkeit (wobei sich die Zuwendung ständig steigern muß) oder aber quasi-autistisches Verhalten (Die zwangsläufig erfolgende Enttäuschung wird von vornherein vermieden.).

Nissen äußert die Vermutung, daß Kinder mit cerebral-organischen Schädigungen »vielleicht besonders leicht eine zusätzliche Hospitalismus-Schädigung davontragen« (25, S. 79).

2. Der Weg des Kindes Andreas

Das Bild, das von Andreas hier gezeichnet wird, muß zwangsläufig unvollständig bleiben. Besonders über die ersten 5 1/2 Lebensjahre liegen nur wenige Fakten vor. Sie sind in z.t. recht mühseliger Kleinarbeit zusammengetragen worden und waren auch der Pflegemutter zum größeren Teil vorher nicht bekannt.

Da eigene Beobachtungen über diesen ersten Zeitraum nicht vorliegen, muß auf die Formulierungen aus den Schriftstücken und auf die Aussagen von Kontaktpersonen zurückgegriffen werden. Die dabei sichtbar werdenden Widersprüche können nachträglich nicht mehr geklärt werden, teils wegen der verblaßten Erinnerung der Beteiligten, teils auch wegen der Unmöglichkeit, zusätzliche Auskünfte einzuholen.

Ziel dieser Ausführungen ist es nicht, Personen und Institutionen anzuklagen. Aus diesem Grunde sind bei den in der Anlage beigefügten Unterlagen deren Namen unkenntlich gemacht oder herausgenommen worden.

Das hier Dargestellte soll aber im allgemeinen menschlichen Sinne durchaus als Anklage verstanden werden und als Aufforderung, Änderungen einzuleiten.

Stationen in den ersten 5 1/2 Jahren

Die Geburt von Andreas fand im Krankenhaus zum errechneten Geburtstermin statt. Im Bericht des die Geburt überwachenden Arztes heißt es:»Das Kind hatte ein Gewicht von 3000 g und eine Länge von 51 cm. Wir haben es wegen Verdachtes auf Mongolismus ins . . .-Krankenhaus verlegt, wo dieser Verdacht auch chromosomal bestätigt wurde.« (Anlage 1).

Die Durchsicht der aus diesem Krankenhaus vorliegenden Unterlagen (Anlage 2) gibt aber keinen Anhaltspunkt dafür, daß eine solche Chromosomenuntersuchung stattgefunden hat. Rückfragen beim zuständigen Humangenetischen Institut ergaben, daß Andreas nicht untersucht worden ist, wohl aber seine Mutter. Wir ließen deshalb diese Untersuchung bei Andreas nachholen. Der Untersuchungsbefund ergab eine freie Trisomie 21 (G). In einem vom Krankenhaus später weitergegebenen Bericht heißt es über die Geburt:

»Das Kind war mit Vakuumextraktion mit zweifacher Nabelschnurumschlingung blau-asphyktisch geboren worden, hatte sich dann jedoch gut erholt.« (Anlage 3).

**Bericht des die Geburt überwachenden Arztes
an die Hausärztin der Mutter**

Sehr geehrte Frau Doktor!

Wir berichten Ihnen über Ihre Patientin, Frau..., die zum
errechneten Geburtstermin mit leichter Wehentätigkeit stat.
aufgenommen wurde.

Nach einem Geburtsverlauf von ca. 15-16 Std. kam es unter
primärer und secundärer Wehenschwäche zum Geburtsstillstand
auf Beckenboden. Wir führten deshalb in typischer Weise eine
Vacuumextraction durch und konnten das Kind bei drohender
intrauteriner Asphyxie komplikationslos extrahieren.

Die Placenta erfolgte spontan mit den Eihäuten vollständig,
eine vorher angelegte Episiotomie wurde in typischer Weise
versorgt.

Das Kind hatte ein Gewicht von 3000 g und eine Länge von
51 cm. Wir haben es wegen Verdachtes auf Mongolismus ins
...Krankenhaus verlegt, wo dieser Verdacht auch chromosomal
bestätigt wurde. Das Kind hat sich verhältnismäßig gut dort
entwickelt und wurde entsprechend versorgt. Da die Eltern
bzw. die Großeltern die Aufnahme des Kindes in ihrem Hause
verweigerten, mußte es von dem ...Krankenhaus in die städt.
Fürsorge übergeben werden.

Der Wochenbettverlauf bei der Mutter gestaltete sich glatt
und die Pat. konnte am 10.7. aus der Klinik entlassen werden.

Facharzt f. Frauenheilkunde   Stationsärztin

Klinische Untersuchungen bei Mongoloidem Schwachsinn

Altersstufe: Neugeborenenzeit bis 14 Tage p.partum.

Kennzeichnung der Symptome:

+	vorhanden	Kontratyp des Symptoms	
0	nicht vorhanden	vorhanden	-
(+)	schwach vorhanden	stark ausgepr.	--
++	stark vorhanden		

Größe: 51 cm   Gewicht: 3000 g
Spannweite der Arme: 48,5 cm
Kopfumfang: 34 cm

Name u. Vorname des Patienten: .... Andreas

Symptome:

A. Allgem. Aussehen

Adynamie 0
Hypotonie 0
Facies mongol. ++
Schwaches Schreien +
Hyperabduktion i.d.
Hüfte +
Liegt da mit abduz. Beinen +
Mororeflex +
Suchreflex +
Saugreflex +
Trinkschwierigkeit 0

B. Kopf
Rundlich +
abgeflachtes Hinterhaupt +
"Mongolenlücke" i.d.
Sagittalnaht +
Hypotelorismus 0
Hypertelorismus 0
Kopfbreite 9,5 cm
Kopflänge 10.0 cm
Kopfumfang 34 cm

C. Auge

Schräge Lidachse mongol. +
Epicanthus +
Brushfield Flecken
Wimpern kurz u. spärlich +
Besonderheiten

D. Ohren

Tiefsitzend 0
Dysplastisch +
Klein 0
Besonderheiten

E. Nase

Wurzel einges. +
Knopfnase +
Enge Nasenwege +
Besonderheiten

F. Mundbereich

Oberkiefer hypopl. 0
Unterkiefer vorst. 0
Ogivaler Gaumen +
Makroglossie 0

G. Halsbereich

Nackenpolster +
Nackenfalte +
Besonderheiten

H. Hände u. Finger

Plump +
5.Finger einw. geb. +
Hypoplasie Mesophal.V 0
Vierfingerfurche re. +
                    li. +
Übergangsfurche
atd Winkel   unreif

J. Füße u. Zehen

  Plump +
  Diastase I-II +
  Furche   I-II +

K. Abdomen

  Schlaff u. breit +
  Nabeltiefstand +

L. Genitalbereich
  männlicher:

  Kryptorchismus 0
  Penishypoplasie 0
  Scrotumhypoplasie 0
  Epispadie 0
  Besonderheiten

  weiblicher:

  Labia majora vergr.

Cytogenetischer Befund:

Herzvitium 0

Sehr geehrter Herr Kollege!

Das uns freundl.weise überwiesene Kind

Andreas ....

litt an: Mongoloidismus.

Verlauf: Das Kind war mit Vakuumextraktion mit zweifacher Nabelschnurumschlingung blau-asphyktisch geboren worden, hatte sich dann jedoch gut erholt. Es zeigte bei der Aufnahme im Alter von 14 Stunden sämtliche Zeichen einer deutlichen Chromosomenaberation im Sinne eines Mongoloidismus. Der Junge machte keinerlei Schwierigkeiten in der Pflege und gedieh körperlich immer gut und gleichmäßig. Das Gewicht stieg insges. von 2900g auf 3520g an. Wir ernährten mit steigenden Mengen Multival, was der Junge sehr gut trank und gaben hier zuletzt 5 x 130g. Außerdem gaben wir anfangs 3 x wöchentl., zuletzt 2 x wöchentl. 1/2 ccm Koliakron, da wir hiervon doch recht gute Erfolge sahen und in diesem Falle die Aussichten für die spätere geistige Entwicklung zumindesten nach dem augenblicklichen Anschein doch wohl nicht ganz schlecht zu sein scheinen, wenn auch natürlich niemals mit der Entwicklung zu einem normalen Kind gerechnet werden kann. Vigantol 5mg am 13.-14.7. und 5mg am 22.-23.7. BCG am 11.7. BB: 5,88/119. Wir hatten hier mit dem Kind keinerlei Schwierigkeiten. Diese ergaben sich jedoch aus dem Verhalten der Eltern und vor allem auch der Großeltern, die ganz offen das Ansinnen an uns stellten, den Jungen umzubringen. Der Großvater äußerte hier mehrfach unter Zeugen, "wenn Sie das Kind nicht umbringen, dann bringe ich es um, dieses Kind kommt mir nicht ins Haus". Mit den Großeltern wie auch mit den Eltern war in keiner Weise vernünftig zu reden. Die Lage wurde derart kritisch, daß wir hier im Haus befürchten mußten, die Angehörigen würden hier eindringen, um das Kind zu erschlagen oder sonstwie zu töten.

Wir wandten uns deshalb an die Fürsorge und erreichten auf diesem Wege jetzt die Unterbringung des Kindes in Ihrem Heim. Da keine weiteren Mißbildungen, insbesondere kein Herzfehler vorliegen, glaube ich, daß man den Jungen sicher später so weit bringen kann, daß er sich mit einfachen Arbeiten beschäftigt.

Es ist am 13.8. in das Kinderheim .... entlassen.

Mit kollegialem Gruß
Ihr sehr ergebener

Entwicklungsbericht (Alter: 2;1)

Andreas befindet sich seit 2 Jahren zur Betreuung in unserem Kinderheim. Es handelt sich um ein 2jähriges mongoloides Kind. Die mongoloiden Anzeichen sind auch in seinem äußeren Erscheinungsbild ersichtlich. Während seiner ersten Lebensjahre mußte Andreas wegen häufiger Dyspepsien 2x in der Uni-Klinik... stationär behandelt werden. Er neigte ebenfalls zu Bronchitis. Mit etwa 6 Monaten begann er zu zahnen. Seine Haut und Muskulatur ist sehr schlaff. Mit 1 Jahr hebt er noch nicht den Kopf und reagiert kaum auf seine Umwelt. Laute, die er von sich gibt, sind unartikuliert und grunzend. Während des 2. Lebensjahres macht Andreas Fortschritte. Er nimmt seine Umgebung wahr, erkennt Betreuerinnen, die ständig um ihn sind. Fremden gegenüber macht er einen ängstlichen Eindruck. Freude und Ärger kann er durch Verhalten zum Ausdruck bringen. Er kann noch nicht sicher nach Gegenständen greifen; werden ihm diese in die Hand gegeben, hält er sie fest. Seit etwa 4 Wochen stellt er sich auf, d.h. er zieht sich am "Ställchen" hoch und steht für kurze Zeit. Seine Laute sind noch immer unartikuliert. Seine Zunge ist sehr groß, er streckt sie meistens aus seinem Munde. Der Speichelfluß ist sehr stark. Das Zahnen verläuft ohne Komplikationen normal. Die Großeltern und auch die Mutter besuchen Andreas in gewissen Abständen.

Ein Verbleiben in unserem Kinderheim ist leider nicht möglich, da wir nicht in der Lage sind, eine Sonderbetreuung, die für die Entwicklung dieses Kindes notwendig wird, zu übernehmen. Wir wären dankbar, wenn Sie sich mit geeigneten Sonderheimen in Verbindung setzen würden, die Andreas aufnehmen können.

Eltern und Großeltern lehnten Andreas wohl ab. Sie weigerten sich, ihn in die Familie aufzunehmen. (Anlage 3). Nach 6 Wochen wurde er deshalb in ein Kinderheim gebracht. Er war das einzige behinderte Kind dieses recht kleinen Heimes, es wurden für ihn aber keine besonderen Fördermaßnahmen ergriffen. Da er nicht laufen lernte, verblieb er während der rund zwei Jahre seines Aufenthaltes dort auf der Säuglingsstation. Er war tagsüber ständig im Ställchen, nahm von sich aus keinen Kontakt zu anderen Kindern auf und reagierte im ersten Lebensjahr kaum auf seine Umwelt.

Am Anfang dieser Zeit mußte er zweimal wegen Dyspepsien in die Universitätsklinik aufgenommen werden, in der 8.–12. Lebenswoche und erneut in der 15. und 16. Woche. Während des Aufenthaltes in diesem Kinderheim haben sich die Großmutter und in geringem Ausmaß auch die Mutter etwas um Andreas gekümmert. Über den Aufenthalt in diesem Kinderheim liegt ein Entwicklungsbericht vor, den der Amtsvormund angefordert hat. (Anlage 4).

Um für Andreas eine bessere Förderung zu erreichen, möglicherweise auch um eine Belastung loszuwerden, regte man vom Kinderheim eine Verlegung von Andreas an. Mit 2;2 wurde er in ein anderes Heim aufgenommen. Beim Wechsel kam Andreas als jüngstes Kind in das sog. Kinderhaus, das jedoch nach einem 3/4 Jahr aufgelöst wurde. Wegen seiner Zartheit und seines großen Entwicklungsrückstandes wurde er mit 3 Jahren in das neueingerichtete Pflegezimmer für voll Bettlägerige in der Jungen-Station verlegt. Die gesamte Station mit 20–24 Jungen galt als reine Pflegestation, Andreas damit als Pflegefall. In seinem Zimmer befanden sich außer ihm noch zwei Kinder, die wegen der Schwere ihrer Behinderungen das Bett überhaupt nicht verlassen konnten. Alle drei Kinder litten fast ständig unter schwerer Bronchitis.

Andreas lag in einem hohen Gitterbett. Nachts steckte er in einem Schlafsack, der an den vier Ecken mit Bändern am Bett festgebunden wurde, tagsüber war er angezogen im Bett. Über den Tagesablauf liegen nur unvollständige Informationen vor, zum Teil aus zweiter Hand. Bei aller Vorsicht ergibt sich daraus etwa die folgende Beschreibung:

Um 6.30 Uhr wurden die Kinder geweckt, gewaschen und gewindelt. Außerdem wurde die Bettwäsche gewechselt. Gebadet wurde am Sonnabend. In der Zeit von 8.00–8.45 Uhr gab es Frühstück. Die 5 bis 10 Laufkinder wurden in eine Art Spielraum gebracht, genannt Käfig.

Dieser Raum hatte eine Größe von vielleicht 35 m². An einer Seite hatte er hochgelegene Fenster mit dicken Milchglasscheiben. Die Einrichtung bestand aus einer Bank und aus einem braunen Holzschrank, in dem sich, verschlossen und für die Kinder zu keiner Zeit zugänglich, Spielzeug befand. Die Wände waren z.T. kotverschmiert und wiesen von den Kindern hineingekratzte Löcher auf. Die Tür zu diesem Raum war offen, jedoch durch ein Holzgitter versperrt, das von den Kindern nicht geöffnet werden konnte. Die Kinder trugen in diesem Raum größtenteils besondere Lederhandschuhe, wie sie auf Abb. 2 zu sehen sind. Auch in den Betten trugen die Kinder diese Handschuhe teilweise, wobei die Bewegungsfreiheit dort durch Lederriemen noch weiter eingeschränkt war.

Sie waren mit einem Riemen aneinandergebunden und mit einem zweiten ca. 50 cm langen Riemen nach unten am Bett festgebunden. Der Junge auf dem Bild trägt nur einen dieser Handschuhe, die andere Hand ist offenbar verbunden. Es kam häufig vor, daß sich die Kinder an dem steinharten Leder der Handschuhe verletzten oder wund scheuerten. Die Betten waren nie ohne Gitter. Abbildung 3 ist ein recht guter Beweis dafür, wie »gut« die Handschuhe die Bewegungsfreiheit und den Gebrauch der Hände einschränkten: Ohne die Handschuhe und deren zusätzliche Fixierung hätte der Stecker für den Heizofen vor dem Bett nur wenige Augenblicke in der Steckdose gesteckt. Die Begründung für das Tragen dieser Handschuhe war die angebliche Gefahr der Selbstverletzung, doch mit diesen Handschuhen konnten sich die Kinder mindestens ebenso verletzen. Die eigentlichen Gründe dürften daher andere gewesen sein: Verhindern des Ausziehens und des Zerreißens von Wäsche und Bettwäsche, Verhindern des Onanierens. Auch Andreas mußte diese Handschuhe tragen.

Da alle Kinder Windeln trugen, brauchte man sich um die Verrichtung ihrer Notdurft nicht zu kümmern, solange sie im Spielraum waren. Eine Beschäftigung der Kinder in dem Spielraum fand nicht statt, und sie waren darin allein. Es gab noch ein zweites kleines Spielzimmer, das aber den drei besten Jungen vorbehalten war. Immerhin hatte es einen Fernsehapparat aufzuweisen, der aber meistens defekt war. Nur wenige Kinder durften sich zeitweise frei auf der Station bewegen, abhängig von der Großzügigkeit des Pflegepersonals und der Besetzung der Station.

Im Sommer stand neben dem Haus ein eingezäunter Spielplatz nahezu ohne Schatten und ohne Grün in praller Sonne zur Verfügung. An Spielmöglichkeiten bot er lediglich einen Sandkasten. Die Kinder mußten meistens auf der vorhandenen Bank sitzen und trugen die beschriebenen Lederhandschuhe. Nur einige Zivildienstleistende ließen die Kinder auch im Sand spielen. Die besseren Kinder gingen ab und zu auch auf einen in der Nähe des Heims befindlichen öffentlichen Spielplatz.

Am Wochenende blieben die Kinder, wohl wegen des dann verminderten Pflegepersonals, häufig im Bett, oft mit der Begründung, sie seien krank. In den Betten hatten sie meist ein Stofftier oder etwas ähnliches, doch warfen sie es regelmäßig schnell aus dem Bett, und kaum jemand hatte Zeit, es ihnen ständig wiederzugeben. Es sei an dieser Stelle aber

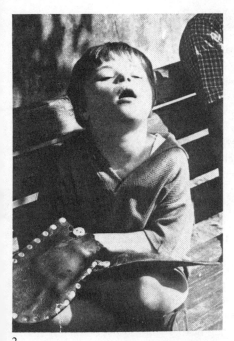

Abb. 2: Diese Lederhandschuhe mußte ein Teil der Kinder im Spielraum und (wie hier) auf dem Spielplatz tragen.

Abb. 3: Ausschnitt aus einem Foto

Abb. 4: Andreas mit 4;9. In Wirklichkeit hatte er nie einen Tisch am Bett und konnte mit Bilderbüchern überhaupt noch nichts anfangen. Außerdem fehlen die Bettgitter. (An der Rückseite sind sie zu sehen! – Die Abbildung stammt aus einer Festschrift.)

2

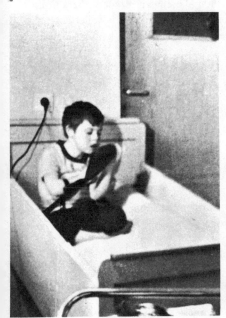

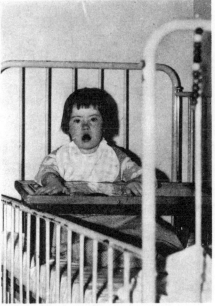

3

4

gesagt, daß das Pflegepersonal auf der Station (in der Regel 2 feste Pfleger und ein Zivildienstleistender für 20–24 Jungen) an diesen Zuständen wegen der Überlastung kaum etwas ändern konnte.

Auch das Verschließen des Spielzeugs war erklärbar: Es gab kaum Mittel zur Neubeschaffung, und Besuchern der Station mußte ja irgendetwas vorgezeigt werden. Niemand hatte Zeit, mit den Kindern zu spielen, so daß sie den richtigen Gebrauch des Spielzeugs hätten erlernen können. Als in einer Verzweiflungsaktion den Kindern im Käfig einmal das ganze Spielzeug aus dem Schrank überlassen wurde, zertrümmerten sie es verständlicherweise in kürzester Zeit.

Schaute man in den Käfig hinein, schlugen die Kinder mit ihren Handschuhen auf den Besucher ein. Eine Art Kontaktaufnahme wegen der meist fehlenden sprachlichen Möglichkeiten? Aggressionen zeigten die Kinder kaum.

Es ist uns unbekannt ob, und wenn ja, welche Medikamente Andreas in dieser Zeit erhalten hat.

Über das Essen wissen wir, daß es für die zu fütternden Pflegefälle in der Regel Breinahrung gab, die wegen des Mangels an Pflegepersonal in großer Eile gefüttert werden mußte. (Erst im Alter von über 6 Jahren erhielt Andreas auch Brot.) Als Getränke gab es Tee und Milch, morgens und abends nach den Mahlzeiten einen Becher voll. Da das besonders an heißen Tagen sehr wenig war, tanken diejenigen Kinder, die dorthin gelangen konnten, in ihrer Not selbst das Wasser aus den Toilettenschüsseln. Auch beim Aufenthalt auf dem Spielplatz gab es kein zusätzliches Getränk.

Mittagessen gab es um 11 Uhr, gegen 14 Uhr noch eine Obstmahlzeit, die meistens aus Bananen bestand. Zwischen 17 und 18 Uhr wurden die Kinder nach dem Abendessen, soweit sie nicht sowieso im Bett waren, hingelegt und um 18 Uhr das Licht gelöscht. Die Fenster wurden durch Rolläden verdunkelt. Die Nacht verlief im Zimmer von Andreas so:

Zwischen 20 und 21 Uhr:
Kontrolle durch die Nachtwache. Es wurde Licht gemacht, die Kinder wurden, wenn nötig, frisch gewickelt.

Zwischen 23.30 und 0.30 Uhr:
Das Kind S. (Hydrozephalus) wurde mit Sondennahrung versorgt. Dabei mußte Licht gemacht werden.

Zwischen 2 und 3 Uhr:
Alle Kinder wurden frisch gewickelt.

Gegen 5.30 Uhr:
Kontrolle durch die Nachtwache. Es wurde Licht gemacht, die Kinder wurden, wenn nötig, frisch gewickelt.

Um 6.30 Uhr: Wecken.

Andreas

Vermerke aus der Mündelakte

1;6: Gut gepflegtes Kind, blondes Haar, blaue Augen. Die körperliche Entwicklung entspricht in etwa der eines 10 Monate alten Kindes, in der Gesamtentwicklung ist das Kind noch weiter zurückgeblieben. Es setzt sich noch nicht allein auf, liegt den ganzen Tag im Bett, spielt nicht, macht keine Sprachversuche, fremdelt gegenüber unbekannten Personen, kennt das Pflegepersonal genau. Guter Esser.

2;0: Nach tel. Auskunft des Heimleiters kann Andreas inzwischen einigermaßen frei sitzen, fällt aber noch oft nach vorn. Tagsüber setzt man ihn jetzt in ein Laufställchen.

2;2: Verlegung. Andreas weinte unterwegs nicht, schaute interessiert um sich, sitzt allein, hält den Kopf aufrecht, zieht sich am Gitterbett hoch; macht Gehversuche, wenn man ihn an den Händen führt; greift nach vorgehaltenen Gegenständen.

2;9: Andreas steht jetzt fest auf den Beinchen, läuft aber noch nicht frei. Von sich aus unternimmt er keine Gehversuche, er muß dazu angeleitet werden, wogegen er oft lauthals protestiert. Sitzt jetzt viel im Laufstuhl, bewegt sich darin aber nur ungern und wenig, ist bequem, will lieber im Bettchen liegen oder auf dem Arm getragen werden. Schaukelbewegungen mit dem Kopf, wenn er im Bett liegt. Wirft erreichbares Spielzeug um sich.

3;6: Die körperliche Entwicklung entspricht etwa der eines 1 1/2 bis 2jährigen Kindes. Kann noch nicht allein gehen, spricht noch nicht. Freude oder Mißfallen werden gut ausgedrückt. Bei spielerischen Neckereien macht Andreas gern und gut mit. In seinem Bettchen kann er sich schnell und geschickt aufstellen, indem er sich am Bettgitter hochzieht und festhält. Guten Appetit. Wird gefüttert und gewindelt.

4;9: Andreas hat inzwischen frei laufen gelernt, er trollt ganz geschwind durch die Räume, ist vergnügt und voller Schalk; er räumt Spielzeugkisten gern ein und aus; läuft dem Pflegepersonal gern davon. Trotzt stark. Wenn ihm etwas nicht paßt, brüllt er laut und anhaltend. Andreas wird nach wie vor gewindelt und gefüttert. Noch kein Eigentumsgefühl entwickelt.

Anstaltsärztlicher Bericht (Alter: 6;6)

Größe: 110 cm, Gewicht: 18 kg. Körperlicher Entwicklungsrückstand fast aufgeholt. Mongoloide Erscheinungen unver-
ändert, noch leichte Mikrozephalie, deutliche Muskelschwäche
mit Überstreckbarkeit der Gelenke und Haltungsschwäche.
Statomotorische Funktionen aber deutlich besser, kein
pathologisches Reflexverhalten. Von seiten der inneren
Organe gesund. Kein Anhalt für Herzvitium. Wie bei vielen
mongoloiden Kindern besteht Neigung zu katarrhalischen
Infekten des Nasen-Rachen-Raumes, gewisse Resistenzschwäche.

Psychisch-geistig: Deutlich weiterentwickelt, in lebenspraktischen Dingen selbständiger geworden. Sprachvermögen
jedoch nach wie vor reduziert. Der Junge spricht höchstens
einzelne Worte mehr oder weniger unartikuliert. Er besucht
die Klasse für Praktisch-Bildbare unserer Heimsonderschule. Über seine Leistungen siehe Bericht der Schule.

Zur Zeit ist Patient krank. Es liegt eine grippale Infek-
tion vor. Der Verlauf ist hartnäckig.

Es muß angenommen werden, daß Andreas dadurch in jeder Nacht mehrfach geweckt wurde.

Über Therapie- und Beschäftigungsmaßnahmen in den ersten 5 1/2 Jahren ist bei Andreas nichts bekannt. Die Annahme, daß außer der pflegerischen Versorgung nichts mit ihm geschehen ist, wird nicht abwegig sein.

Über seine gesamte Entwicklung in dieser Zeit (bis zum Alter 5;6) liegen uns so gut wie keine Informationen vor. Der einzige Anhaltspunkt sind einige Notizen, die der Amtsvormund zum Zweck der Information für diese Arbeit aus der Mündelakte heraus anfertigte. (Anlage 5)

Es ist dabei allerdings offen, ob die wiedergegebenen Eindrücke wirklich aus eigener Anschauung stammen oder, wie das häufiger geschieht, aus zweiter Hand etwas geschönt über das Pflegepersonal in die Unterlagen gelangt sind. Die Beobachtungen z.B. über das Laufen, das Andreas danach auf der Station offenbar recht perfekt beherrscht haben soll, stimmen mit späteren Beobachtungen in keiner Weise überein.

Die leibliche Mutter hat sich offenbar überhaupt nicht mehr um Andreas gekümmert, die Großmutter kam aber noch gelegentlich.

(Die Pflegemutter war zufällig auf der Station, als die Großmutter nach längerer Pause wieder einmal da war, und sie hörte deren Worte: »Er hat sich ja überhaupt nicht verändert.« Wie auch?)

»Ene – mene – mu«: Ein Übergangsjahr

Die jetzige Pflegemutter lernte Andreas im Oktober mit 5;6 Jahren kennen. Im weiteren Text wird sie *Mutter* genannt, denn das wurde sie für Andreas. Die leibliche Mutter hat sich seitdem überhaupt nicht mehr um Andreas gekümmert.

Die *Mutter* leistete damals neben ihrer Ausbildung zur Erzieherin freiwillig Dienst auf der Frauenstation, weil sie als Berufsziel eine Arbeit mit geistig behinderten Erwachsenen anstrebte. Die Leitung der Heime hatte ihr nahegelegt, nicht auf der Kinderstation zu arbeiten, weil man für diese »immer wieder mal jemanden« finde, nicht jedoch für die erwachsenen Behinderten. Besuche auf der Kinderstation waren ihr jedoch möglich. Die *Mutter* faßte sehr bald den Entschluß, eines dieser Kinder aus seiner mißlichen Lage zu befreien. Unter den in Frage kommenden fünf Kindern – sie mußte auch an die Realisierung denken und konnte deshalb kein Kind zu sich nehmen, das ihr als alleinstehender Frau eine Berufstätigkeit unmöglich gemacht hätte – traf sie die Wahl nach einem Abzählreim: »Ene – mene –mu«.

Andreas hatte zu dieser Zeit vorübergehend losen Kontakt zu einer

Lehrerin, die ihm bei ihren Besuchen einige Zeichen der Taubstummensprache beibrachte, da Andreas im Heim als taub galt.

Die Kontaktaufnahme der *Mutter* zu Andreas erfolgte zunächst durch Besuche auf der Station. Sie brachte ihm (und auch den anderen Kindern) Spielzeug mit, das sie nach anfänglicher Verweigerung an den Betten befestigen durfte und das auch dort blieb.

Zum Jahreswechsel stellte die *Mutter* an die Leitung der Heime den Antrag, Andreas in regelmäßigen Abständen für einige Stunden zu sich holen zu dürfen. Die Reaktion war positiv. Andreas durfte alle 14 Tage am Sonntagnachmittag für einige Stunden zu ihr. Die *Mutter* konnte diese grundsätzliche Genehmigung später stillschweigend auf jedes Wochenende und schließlich sogar auf die Zeit von Freitag bis Montagmorgen ausweiten.

Andreas besuchte nach Vorstößen der *Mutter* von Januar bis Dezember die den Heimen angegliederte Schule für Praktisch Bildbare, und zwar für 4 Stunden wöchentlich. Außerdem soll er dort am Donnerstag Beschäftigungstherapie gehabt haben, doch ist Genaueres darüber nie zu erfahren gewesen.

Die Tatsache des Schulbesuchs wird offiziell durch den Abschlußbericht der Heime bestätigt: »Er besuchte die Klasse für Praktisch Bildbare unserer Heimsonderschule. Über seine Leistungen siehe Bericht der Schule.« (Anlage 6). Von Andreas Station (20–24 Kinder) gingen nur drei Kinder zur Schule, in ähnlicher Weise für nur derart wenige Stunden. Das muß man wissen, wenn man in der Festschrift der Heime zur 75-Jahr-Feier liest:

»Die . . .-Schule der Heime . . . , eine Schule für Praktisch Bildbare, Mehrfachbehinderte und Lernbehinderte wird im Schuljahr . . . von 159 Kindern und Jugendlichen besucht. 54 Jungen und Mädchen sind Gastschüler, unsere ›Externen‹, die aus dem gesamten Landkreis . . . mit 4 Buslinien täglich zu uns gefahren werden.«

Die Praxis war außerdem so, daß selbst den wenigen Kindern der Station, die diese Vergünstigung genossen, stets die Gefahr drohte, den Schulplatz wieder zu verlieren. Dabei war nicht das zu niedrige Leistungsniveau der wirkliche Grund, sondern der Mangel an Plätzen. Nach Aussagen einer Studentin, die sowohl die Kinder in der Schule wie auch die Kinder in Andreas Station kannte, gab es in der Schule durchaus schwächere Externe. (Wie sich nachträglich herausstellte, stand auch Andreas als »zu schwach« auf der »Abschußliste«.) Wo die eigentlichen Gründe für diese Zustände lagen, kann nicht gesagt werden. Von der Arbeit in dieser Schule hatte die *Mutter* jedenfalls einen guten Eindruck.

Als die Schule, die Andreas zur Zeit besucht, Unterlagen über seinen Schulbesuch an der Schule des Heims anforderte, erhielt sie von der Schulleitung die folgende Auskunft (Telefonnotiz): »Andreas hat die Schule nur stundenweise besucht. Er war nicht eingeschult. Über seinen besuchsweisen Unterricht bekam die *Mutter* eine Unterlage in die Hand. Mehr kann die . . .-Schule nicht geben.« Eine solche Unterlage hat die *Mutter* trotz damaliger Anforderung jedoch nie erhalten.

In ihren Sommerferien nahm die *Mutter* Andreas (6;1) für 4 Wochen zu sich. In dieser Zeit führte sie mit Andreas, der bis dahin noch überhaupt nicht sauber war, ein systematisches Toilettentraining durch, das innerhalb einer Woche Erfolg hatte. Andreas lernte in dieser Zeit frei laufen. Er verbrachte fast den ganzen Tag im Freien und schlief mittags auch draußen. Nach zwei Wochen fuhr die *Mutter* mit ihm für 14 Tage in den Bayrischen Wald. Gegenüber Fremden zeigte Andreas dort eine große Distanzlosigkeit. Er ging ohne zu zögern an der Hand mit ihnen mit und lief der *Mutter* auf diese Weise häufig fort. (Die Gedankenlosigkeit mancher Erwachsenen war dabei beachtlich.) In dieser neuen Umgebung lief er zunächst nicht mehr frei, sondern erneut nur an der Hand. Erst nach zehn Tagen kam er wieder zum freien Laufen und begann, auf Zuruf in die Arme zu laufen (Abb. 5). Auch das Essen wurde besser. Am Ende des Urlaubs aß er normale Kost selbständig mit dem Löffel.

Danach konnte die *Mutter* aus beruflichen Gründen vier Wochen lang keinen Kontakt zu Andreas aufnehmen. Als sie ihn dann wiedersah, war er wieder nicht mehr sauber und aß wieder nur Brei. Beim darauffolgenden Besuch war er sehr erkältet. Er hatte keinen Kontakt mehr zur *Mutter*. Sie war inzwischen umgezogen, so daß er sich bei seinen Besuchen auch noch an eine neue Umgebung gewöhnen mußte. Nach diesem Besuch war er wiederum längere Zeit durchgehend krank, so daß man ihn nicht aus dem Heim wegließ, doch besuchte ihn die *Mutter* regelmäßig. Er brauchte erneut weitgehend die Hand zum Laufen, aß wieder nur Brei, mußte gefüttert werden, konnte den Becher nicht mehr allein halten und zeigte so gut wie kein Sprachverständnis mehr. Während des Aufenthaltes begann er aber wieder, Brot zu essen und aus einer Babytasse zu trinken.

Danach war Andreas durchgehend bis zu seiner Entlassung krank, so daß er nicht mehr geholt werden durfte.

Von seiten der Heimleitung machte man der *Mutter* in diesem Zeitraum Vorwürfe, sie würde Andreas stets krank und mit Fieber zurückbringen, und man drohte ein Verbot der Besuche bei ihr an. Das Verhalten von Andreas auf der Station hatte sich in dieser Zeit deutlich verändert. Er widersetzte sich, tobte, machte offenbar zunehmende Schwierigkeiten und war nicht mehr so »pflegeleicht«. Er verlor seine Bewegungsfreiheit auf der Station und wurde in den sog. Käfig gesperrt. Die Heimleitung riet der *Mutter*, sie solle ihre Bemühungen um Andreas aufgeben. Der Leiter sagte, es sei bei ihr »alles nur Mache« ohne echtes Engagement und würde »für Andreas nichts bringen«. Daraufhin löste die *Mutter* vorzeitig ihren Arbeitsvertrag und kümmerte sich noch häufiger um Andreas.

Andreas wuchs in dieser Zeit kräftig. Da er stets mit recht unansehnlicher Kleidung weggelassen wurde und auch keine ordentliche Kleidung zum Wechseln mitbekam besorgte die *Mutter* diese auf eigene Kosten, weil es ihr wichtig erschien, das Kind sauber und gepflegt zu halten und es ansehnlich anzuziehen, was ihr mit BAFÖG-Mitteln und nur geringen Nebeneinnahmen während ihrer Ausbildung nicht leicht gefallen ist.

Andreas wird Pflegekind

Bereits bei ihren ersten Kontakten mit Andreas hatte sich die *Mutter* an die Leitung der Heime und an den Amtsvormund mit dem Anliegen gewandt, Andreas als Pflegekind ganz zu sich zu holen. Die Reaktion des Amtsvormundes war ablehnend. Die *Mutter* solle froh sein, daß sie Andreas alle 14 Tage zu sich holen dürfe. Er forderte sie auf, erst einmal den bereits damals für den Sommer geplanten gemeinsamen Urlaub abzuwarten und außerdem ihre Ausbildung abzuschließen. Außerdem verwies er auf eine mögliche ablehnende Reaktion eines eventuellen späteren Partners und auf die mit Andreas verbundene Belastung. Die *Mutter* habe dann praktisch keine freie Minute mehr und könne abends auch nicht mehr weggehen. Die *Mutter* plante damals eine Adoption. Möglicherweise war das für den erheblichen Widerstand mitverantwortlich. Auch ein erneuter Vorstoß nach dem gemeinsamen Urlaub stieß auf glatte Ablehnung. Wieder wurde gefordert, erst die Ausbildung abzuschließen, außerdem wurde der Nachweis eines festen Arbeitsplatzes und einer ausreichenden Wohnung zur Vorbedingung gemacht.

Hinweise darauf, wie sehr Andreas unter diesem ständigen Hin und Her litt, führten ebensowenig zu einer Meinungsänderung wie ein Besuch zusammen mit dem frisch eingekleideten und gepflegten Andreas. Sein ordentlicher Zustand wurde sogar zum Argument dafür, wie gut es ihm doch im Heim gehe.

Nach dem Aufenthalt bei der *Mutter* Ende Oktober erfolgte der dritte Vorstoß. Um den Argumenten im Hinblick auf ihre wirtschaftliche Lage zu begegnen, hatte sich die *Mutter* die Unterstützung der Leiterin einer Tagesstätte, eines Bekannten, der ihr sein Haus zum Wohnen zur Verfügung stellen wollte, und der Mäzenin der Tagesstätte gesichert.

Die Reaktion: Der Amtsvormund besuchte Andreas im Heim, befand »Andreas macht einen munteren Eindruck« und lehnte wieder ab. Er gab der *Mutter* außerdem den Rat, Andreas zumindest bis zur Ablegung ihrer Prüfung nicht mehr zu holen, um ihm Konfliktsituationen zu ersparen. Daraufhin schaltete sich eine bestimmte Vereinigung ein. (Nennung ihres Namens ist nicht erwünscht.) Sie erreichte innerhalb von wenigen Tagen, daß die *Mutter* die Erlaubnis zur Aufnahme von Andreas erhielt. Andreas konnte abgeholt werden.

An dieser Stelle sollen auch die mit der Aufnahme dieses Pflegekindes zusammenhängenden rechtlichen und finanziellen Fragen kurz angeschnitten werden.

Andreas hat nach § 1671 BGB einen Amtsvormund, dem nach der Weigerung beider leiblicher Eltern, bei der Scheidung das Sorgerecht zu übernehmen, diese Aufgabe übergeben worden war. Der Amtsvormund entscheidet, was mit Andreas geschieht, und so war er auch zuständig für die Zustimmung zur Aufnahme als Pflegekind. Das zuständige Jugendamt hatte zu prüfen, ob die *Mutter* nach dem Jugendwohlfahrtsgesetz und den darin enthaltenen Bestimmungen über Pflegekinder (§§ 27–36 JWG) die Voraussetzungen für die Aufnahme eines Pflegekindes erfüllt. Dazu gehören u.a. zufriedenstellende Wohnverhältnisse, gesicherte wirtschaftliche Verhältnisse. Vorhandensein einer gewissen Altersdifferenz usw., doch waren genaue Kriterien beim Jugendamt nicht in Erfahrung zu bringen. Offenbar bestehen hier zwischen den einzelnen Jugendämtern Unterschiede in der Auslegung der recht globalen gesetzlichen Formulierungen.

Die danach erteilte Pflegeerlaubnis gilt jeweils nur für das betreffende Kind und die betreffende Wohnung und muß beim Wohnungswechsel zurückgegeben und beim dann zuständigen Jugendamt für die neue Wohnung erneut beantragt werden. Die Kosten für die Heimaufenthalte trug der Landeswohlfahrtsverband. (Der tägliche Pflegesatz dürfte zum Schluß weit mehr als 100 DM betragen haben.)

Die *Mutter* erhielt anfänglich ein Pflegegeld von monatlich DM 390,–. (Dies war der normale Betrag für alle Pflegekinder.) Zusätzliche Hilfe erhielt die *Mutter* durch eine freiwillige finanzielle Unterstützung der obengenannten Vereinigung in Höhe von monatlich 350,– DM für die Dauer eines Jahres.

Andreas ist über seine leiblichen Eltern nicht krankenversichert. Glücklicherweise konnte er über die *Mutter* bei einer Ersatzkasse mitversichert werden. Sonst hätte er Krankenhilfe gemäß § 37 Bundessozialhilfegesetz erhalten müssen, und es ist fraglich, ob damit alle später erfolgten ärztlichen Maßnahmen möglich gewesen wären. Vom Versorgungsamt wurde für Andreas eine Erwerbsfähigkeitsminderung von 100 % festgestellt.

Nach den »Grundsätzen für die Aufnahme von Behinderten in Pflegefamilien« vom 3. April 1974 wurde schließlich nach gut einem Jahr ein noch gültiger Pflegevertrag zwischen der *Mutter* und dem Landeswohlfahrtsverband Hessen geschlossen. Danach erhält die Pflegefamilie ein Pflegegeld in üblicher Höhe wie bei nicht behinderten Kindern zur Bestreitung der laufenden Kosten und eine zusätzliche Aufwandsentschädigung von 500 DM. Außerdem können Anträge auf Bekleidungshilfe gestellt werden.

Mit dieser großzügigen Regelung soll erreicht werden, daß mehr Behinderte aus Heimen in Familien kommen. Da die Gesamtkosten der Unterbringung bei uns nur einen Bruchteil der Kosten einer Heimunterbringung von Andreas ausmachen, ist diese Lösung noch immer weit billiger, von den übrigen Vorteilen für ihn abgesehen.

Zur Zeit gibt es in Hessen aber erst 40 Pflegefamilien für Behinderte. Es ist offen, wieviele Pflegefamilien davon schon vorher bestanden haben und so nur bessergestellt wurden. (Auskunft über den nach meiner Kenntnis einzigen Versuch dieser Art in der Bundesrepublik Deutschland erteilt der Landeswohlfahrtsverband Hessen, Ständeplatz 6–10, Kassel.)

Anpassung

Die Eingliederung von Andreas in den für uns normalen Alltag hatte nicht nur den Aspekt, daß er sich an eine völlig neue Umwelt gewöhnen mußte, sondern ebenso mußte diese auch mit ihm zurechtkommen. Das war für die Menschen in dieser Umwelt sicher ein genauso neuer und aufregender Lernprozeß wie für ihn, nur mit dem Unterschied, daß *er* sich anpassen *mußte*. Es blieb ihm gar nichts anderes übrig. Die Umwelt aber konnte sich ihm als Einzelnem verweigern, ihn ablehnen, ignorieren. Von Andreas wurde viel mehr an »Akkomodation« verlangt als er an »Assimilation« bewirken konnte.

Zusammengerechnet hatte Andreas mit 6 1/2 Jahren den für uns normalen Alltag vielleicht 8 bis 10 Wochen lang erlebt.

Die neue Umwelt, das war für ihn in erster Linie die *Mutter*, von Beruf Erzieherin mit heilpädagogischer Zusatzausbildung. Sie empfand es als Widerspruch, einerseits in einer Tagesstätte mit behinderten Kindern unter günstigen Bedingungen arbeiten zu können, andererseits aber Kinder zu kennen, die in einigen Fällen offensichtlich weniger behindert waren und dennoch einer hoffnungslosen Zukunft entgegendämmerten. Bei einem Kind wenigstens wollte sie diesen Widerspruch aufzuheben versuchen, und das war zufällig Andreas. Es wäre für beide leichter gewesen, wenn andere es ihnen nicht unnötig schwer gemacht hätten.

Als die *Mutter* Andreas zu sich holte, bewohnte sie zusammen mit einer Freundin eine kleine Zweizimmerwohnung mit Badbenutzung. Der dadurch auch äußerlich bedingte enge Kontakt mit der *Mutter* erwies sich für Andreas anfangs als durchaus günstig, und es gab keine Probleme.

Gleich noch zu Weihnachten fuhr sie mit ihm und einigen Bekannten in den Winterurlaub ins Allgäu. (Abb. 6)

Abb. 5: Sommerurlaub (6;1). Am Ende des Urlaubs lief Andreas frei und konnte dabei auch einen Ball in den Händen halten.

Abb. 6: Winterurlaub (6;6). Mit dem Aufstehen hatte er Schwierigkeiten; der Schnee war ihm an den Händen doch zu kalt.

5

6

Andreas, der praktisch die ganze Zeit seit dem Sommerurlaub krank gewesen war, genas innerhalb weniger Tage.

In der nächsten Zeit beschäftigte sich die *Mutter* zwar viel mit Andreas, Ausflüge und andere Unternehmungen fanden aber kaum statt.

Andreas besuchte tagsüber eine Tagesstätte. Die *Mutter* arbeitete zu dieser Zeit nicht dort, sondern bereitete sich auf ihre Prüfung vor. Erst nach deren Ablegung begann sie wieder in der Tagesstätte zu arbeiten und leitet dort seitdem eine Gruppe mit Schwerbehinderten. Andreas war jedoch in einer anderen Gruppe. Die Förderung von Andreas erschöpfte sich jedoch nicht im Besuch der Tagesstätte. Vielmehr wurde jede Gelegenheit genutzt, ihm darüber hinaus Anregungen und Kontakte mit anderen Kindern zu verschaffen. So besuchte er regelmäßig die wöchentlichen Spiel- und Bastelnachmittage und die Turnstunden der »Lebenshilfe«. Er nahm im Mai an einer Zeltfreizeit mit Behinderten teil und im Sommer an Ferienspielen, bei denen nichtbehinderte und behinderte Kinder zusammenkamen. Im August machte er eine einwöchige Freizeit mit anderen Behinderten an der See mit. Schon in der Anfangszeit waren auch Kontakte mit nichtbehinderten Kindern möglich.

Mit einem Alter von 6;9 wurde Andreas allmählich aktiver und unruhiger. Er brauchte jetzt sein eigenes Zimmer. Auch mit der Badbenutzung gab es Schwierigkeiten, weil dieses mit den Versuchen, Andreas zu mehr Selbständigkeit zu erziehen, stets für längere Zeit blockiert war. Die *Mutter* machte sich daher auf die Suche nach einer geeigneten Dreizimmerwohnung, indem sie auf Zeitungsannoncen hin Kontakte mit Vermietern aufnahm. Ohne die einzelnen konkreten Versuche hier in aller Breite zu schildern – dies würde ein deprimierendes Kapitel über menschliches Versagen ergeben – muß festgehalten werden, daß es für die *Mutter* unmöglich war, auf normalem Wege als alleinstehende Freu mit einem behinderten Kind eine Wohnung zu finden. (Wer es nicht glaubt, der soll es einmal versuchen.) Die *Mutter* hatte mit Absicht nicht bekanntgegeben, daß es sich um ein Pflegekind handelte. »Mit so einem Kind«, vor dem andere Kinder »Angst« haben müssen, das »in der Wohnung herumtrampelt«, das »in Ihrem Alter (damals 24, Andreas war 6) ein Ärgernis darstellt« nahm man sich die Freiheit heraus, selbst abgeschlossene Verträge nicht einzuhalten oder zusätzlich zur Miete 3x wöchentlich das »Putzen der unteren Etage« zu verlangen – und das letztere noch als Entgegenkommen dafür hinzustellen, daß man der *Mutter* überhaupt ein Angebot machte. Nach einer Veröffentlichung der Vorgänge kam es zwar zu Entschuldigungen, einer der Vermieter konnte daraufhin auch seine Geschäfte schließen, eine Wohnung wurde jedoch erst nach vereinten Bemühungen der »Lebenshilfe« und einer einflußreichen Vereinigung gefunden.

In der Zwischenzeit waren jedoch für Andreas und seine *Mutter* neue Probleme hinzugekommen: Bei dem ersten gescheiterten Versuch hatte die *Mutter* sich mit Andreas bereits polizeilich umgemeldet. Damit war die Gültigkeit der Pflegeerlaubnis erloschen. Vor der Erteilung einer neuen Pflegeerlaubnis mußte die neue Wohnung vom Jugendamt besichtigt werden. Der Brief mit der Ankündigung dieser Abnahme war jedoch an die eigentlich vorgesehene Wohnung gegangen, dann zurück an das Jugendamt. Damit waren für das Amt *Mutter* und Kind verschollen, und erst nach größeren Anstrengungen und nach Einschaltung der Tagesstätte konnte drohendes Unheil für Andreas abgewendet werden. Es mußte aber nun eine ordnungsgemäße Wohnung vorgezeigt werden. Schließlich stellte ein Bekannter sein Haus für einige Tage zur Verfügung. *Mutter* und Kind meldeten sich um und zogen dort ein, doch der Besuch der Dame vom Jugendamt fiel wegen deren Erkrankung aus.

Mit der oben erwähnten Unterstützung bekamen Andreas und seine *Mutter* schließlich in einem neu errichteten Wohnblock eine Zweizimmerwohnung mit Küche und Bad und direktem Ausgang im Souterrain. Andere Mieter im gleichen Haus konnten sich zunächst durch Andreas nicht gestört fühlen: Es gab keine. Die *Mutter* wohnte zwei Monate lang mit Andreas völlig allein in diesem noch nicht ganz fertiggestellten Block.

Später sorgte eine Aussiedlerfamilie mit 11 Kindern dafür, daß die Aufmerksamkeit von Andreas und seiner Mutter abgezogen wurde. Die Kinder dieser Familie zeigten übrigens viel Verständnis für Andreas und kümmerten sich gern und gut um ihn, mehr als die übrigen Kinder des Hauses. Solidarität der Outsider?

Später kam der Verfasser dieser Arbeit zu Andreas und seiner *Mutter* hinzu. Seitdem hat Andreas auch einen »Pflegevater«, von Beruf Sonderschullehrer. Wir bewohnten 4 Jahre lang im 2. Stock eines Altbaus eine Dreizimmerwohnung mit Küche, Bad und 2 Balkonen und im Stockwerk darüber noch 6 unterschiedlich große Mansardenräume. Dieser Luxus der vielen Räume verschaffte Andreas einen kleinen Ausgleich dafür, daß er keinen Spielplatz in für ihn erreichbarer Nähe hatte. Ein Ersatz für die hier fehlenden Spielkameraden war es aber nicht. Für die beiden 11- und 13-jährigen Mädchen im Haus war Andreas kein geeigneter Spielpartner.

Unten am Haus war ein Vorgarten mit einer kleinen Rasenfläche. Dort konnten wir Andreas ohne Sorge spielen lassen. In beiden Stockwerken verfügte Andreas über ein geräumiges Zimmer. Mit den Mietparteien im Haus gab es wegen Andreas überhaupt keine Probleme. Danach zogen wir in ein Reihenhaus um.

Mit 8 Jahren kam Andreas in eine Schule für Praktisch Bildbare. Von seinem ersten Schuljahr einmal abgesehen, konnten wir (und die ihn bisher unterrichtenden Lehrkräfte bestätigen dies) keine Ergebnisse der Förderung dort bemerken, obwohl die Schule nach Auskunft des zuständigen Schulamtsdirektors »optimal« mit Lehrkräften ausgestattet ist. »Optimal« – das heißt eine Lehrkraft auf 6,5 Schüler. Ob das genügt, wenn zugleich auch autistische, autoaggressive und schwerstbehinderte Kinder aufgenommen werden, die oft auf eine Einzelbetreuung angewiesen sind, wodurch zwangsläufig andere Kinder benachteiligt werden, muß ernsthaft bezweifelt werden.

Seit dem Alter von 9;11 Jahren hat Andreas eine kleine Schwester, die er sehr liebt und ungemein fürsorglich behandelt. Auch er wird von ihr voll akzeptiert. Mit 11;0 kam noch ein elfjähriges lernbehindertes Mädchen aus einem Heim hinzu.

3. Beobachtungen und Überlegungen zur Entwicklung von Andreas

In diesem Abschnitt soll versucht werden, die Entwicklung des Kindes Andreas bis zum Alter von 8 Jahren und 9 Monaten in einigen Bereichen aufzuzeigen. Zu den danach erfolgten Veränderungen werden nur kurze Hinweise gegeben.

Dabei wird bewußt keine wissenschaftliche Systematik zugrundegelegt, sondern nach praktischen Gesichtspunkten gegliedert. Eine vollständige Erfassung kann dabei weder insgesamt noch in Teilbereichen geleistet werden. Zu jedem der Teilbereiche wären noch weitere Ausführungen möglich und erforderlich gewesen, doch hätte dies den beabsichtigten Rahmen einer Gesamtübersicht zu stark ausgeweitet.

Das Ziel ist, mit möglichst vielen konkreten Beobachtungen aus dem Leben mit diesem Kind und deren Veranschaulichung durch (Amateur-)Fotos dem Leser ein möglichst plastisches Bild zu vermitteln. Ob die Schlüsse, die hier gezogen werden, durchgehend Bestand haben werden, wird auch von uns ernsthaft bezweifelt, und möglicherweise kommt der kritische Leser zu ganz anderen Folgerungen.

Ziel ist es ferner aufzuzeigen, welche Entwicklungsmöglichkeiten selbst bei einem derart »abgeschriebenen« Kind gegeben waren und sind, ohne daß die Bemühungen der an seiner Förderung Beteiligten deshalb als fehlerfrei oder optimal angesehen werden. Es wäre für uns ein Gewinn, wenn sich an diesen Ausführungen Kritik und Diskussion entzünden würden, und wir bitten, diese Kritik auch direkt an uns heranzutragen.

Möglicherweise hilft uns das in dem Bemühen um Andreas und bringt durch das Gespräch auch andere Eltern und Pflegeeltern ein kleines Schrittchen weiter.

Ziel dieser Ausführungen ist es aber auch, anschaulich zu machen, daß ein Zusammenleben mit einem derart geschädigten Kind trotz mancher Schwierigkeiten durchaus möglich ist, und daß dies vielleicht eine bessere Chance für es ist, zu »Selbständigkeit in Mitmenschlichkeit« (*Sporken* 55, S. 67) zu kommen als ein Heimaufenthalt. Vielleicht kann dieses Buch ermutigen und im vollen Bewußtsein der damit verbundenen Schwierigkeiten, aber auch im Erleben der damit verbundenen Freuden, weiteren behinderten Heimkindern den Weg in eine Familie ebnen.

Damit kein Mißverständnis entsteht: Wir meinen nicht, daß man ganz in Selbstlosigkeit und Mitleid in dem Dienst am Behinderten aufgehen sollte: Reines Bedauern bleibendes Mitleid ist eins der wesentlichsten Hindernisse in der Förderung von Behinderten, welche in erster Linie ein Herausfordern ihrer Fähigkeiten sein muß – natürlich in emotionaler Zuwendung.

Emotionale Entwicklung

Die Überschrift »Emotionale Entwicklung« kann zu Mißverständnissen führen. Gemeint ist damit nicht nur die Entwicklung im Bereich der Gefühle. Die emotionale Entwicklung eines Kindes im ersten Lebensjahr und weit darüber hinaus ist auf das engste verknüpft mit seiner gesamten Entwicklung. Es ist vielleicht sogar richtig zu sagen, daß jede Entwicklung im menschlichen Leben ihren Ursprung in der emotionalen Entwicklung hat. Die körperliche, soziale, kognitive und motivationale Entwicklung, die Entwicklung der Wahrnehmung, der Sprache, der Bindungsfähigkeit und der Sexualität gründen alle in der emotionalen Entwicklung und sind durch sie miteinander verknüpft; Aspekte einer im Grunde untrennbaren Einheit der Persönlichkeitsentwicklung.

In der Literatur wird viel über die Bedeutung der emotionalen Entwicklung gesagt, über Störungen geschrieben, doch der eigentliche Grundbegriff bleibt, soweit ich mich umgesehen habe, undefiniert. Ein solcher Versuch soll hier auch nicht unternommen werden.

Im Sinne der obenstehenden Aussage steht der Punkt »Emotionale Entwicklung« nicht *neben* den folgenden, sondern verbindet sie miteinander. Der besseren Übersicht wegen sind einige Gesichtspunkte der auf Seite 52 folgenden Gesamtübersicht über die emotionale Entwicklung von Andreas dort nur kurz erwähnt, dann aber nachträglich gesondert dargestellt.

Entwicklung im Anfang

Die Bedeutung des ersten Lebensjahres für die kindliche Entwicklung kann nach weitgehend übereinstimmender Meinung der Fachleute auf diesem Gebiet überhaupt nicht hoch genug eingeschätzt werden. In diesem Zeitraum macht das Kind nicht nur eine stürmische körperliche Entwicklung durch, sondern es werden auch die wesentlichen Determinanten seines ganzen späteren Lebens in ihren Grundzügen bestimmt.

Einigkeit besteht auch darüber, daß eine zufriedenstellende emotionale Entwicklung nur in einer intakten Mutter-Kind-Beziehung (bzw. in der Beziehung zu *einer* anderen festen Bezugsperson) erfolgen kann.

Das Kind ist von Geburt an ein soziales Wesen, wenn man unter sozial auch versteht, daß es zur optimalen Entwicklung die Zuwendung der Mutter und zur Mutter braucht. Montagu (36) hat die Notwendigkeit des

Vorhandenseins von Hautstimulationen, die in das von Anfang an vorhandene innere Wahrnehmungssystem gelangen, durch eine Reihe von Beispielen nachgewiesen. Dabei kann das Kind zunächst überhaupt nicht zwischen sich und der Umwelt unterscheiden, sondern erlebt beides als eine untrennbare Einheit.

Der enge Zusammenhang der ersten Wahrnehmungsorganisation mit der Nahrungsaufnahme und damit dem Saugreflex weist auf die Bedeutung der Reflexe für diese frühe Phase der kindlichen Entwicklung hin. Obwohl »vererbte organische Reaktionsweisen« (*Piaget* 40, S. 23), müssen sie gleichwohl benutzt und geübt werden, um nicht verlorenzugehen, so daß hier bereits eine Anpassung an die Umwelt stattfindet. Dieser Vorgang der Akkomodation ist untrennbar mit assimilativen Vorgängen verbunden. Der ererbte Reflexmechanismus wird als erste »psychische Organisation« (*Piaget* 40, S. 48) durch psychische Vorgänge betätigt und verstärkt. Damit sind erste, sich weiterentwickelnde Bewußtseinszustände verbunden.

Von der ersten Reflexbetätigung, in der bereits ein Lernen stattfindet, aber ohne daß von den Lernergebnissen etwas festgehalten wird, geht das Kind weiter zu den Zirkulärreaktionen, in denen nun bereits äußerliche Gegebenheiten festgehalten werden und Erfahrungen auf die Tätigkeit einwirken. Zirkulärreaktionen sind nach Piaget »die Funktionstätigkeit . . . , die zur Repetition oder Neuentdeckung eines interessanten Ergebnisses führt.« (40, S. 65). Die Weiterentwicklung der Reflextätigkeit hängt also eng mit Wahrnehmungsvorgängen zusammen.

Bei *Piaget* wird nicht ausdrücklich betont, daß das Hinzutreten von erworbenen Anpassungsvorgängen zu den vererbten sich nur ungestört vollziehen kann, wenn auch die affektive Komponente durch Interaktion mit einer festen Bezugsperson vorhanden ist. Erst dadurch wird es dem Kind möglich, die aus der Umwelt kommenden Reize auch wirklich zu verarbeiten. (Zu Beginn seines Lebens ist es zunächst durch eine hohe Reizschranke vor ihnen geschützt, es könnte aber auch zunächst überhaupt nichts damit anfangen.) Die apperzeptive Funktion der diakritischen Organisation »wird erst durch Erfahrungen erworben, die das Kind im Verlauf affektiver Wechselbeziehungen mit einer anderen Person bei der Bildung von Objektbeziehungen macht«. (*Spitz* 54, S. 77). Das erste »Objekt«, zu dem das Kind Beziehungen aufbaut, ist die Mutter, erst danach kommen auch dingliche Objekte. Mit der festen Pflegeperson hängen also nahezu alle Bereiche zusammen, die in der Entwicklung des ersten Lebensjahres von Bedeutung sind. An ihr nimmt das Kind sich selbst wahr, durch sie findet es zu seinem Ich, alle Wahrnehmungsvorgänge sind mit ihr verbunden. Die Entwicklung des sozialen Verhaltens im Umgang mit ihr ist die eigentliche Triebfeder für alle weitere Entwicklung. Auch die Wahrnehmung wird heute als sozial bedingt angesehen. Was wahrgenommen wird, unterliegt einer Selektion, die durch soziale Bezüge vorgenommen wird. Und da die Wahrnehmung die Voraussetzung für das Wachstum der hirnorganischen Funktionstüchtigkeit ist, hängt auch die kognitive Entwicklung von sozialen Einflüssen ab.

Die vorstehenden Überlegungen konnten nur skizzenhaft andeuten, in welchem Maß die kindliche Entwicklung etwas Ganzheitliches und Zusammenhängendes ist. Es würde aber über das Ziel des Abschnittes hinausgehen, die allgemeinen Überlegungen noch weiter auszudehnen. Hier geht es mehr um Andreas. Wer die Ausführungen über seinen Lebensweg gelesen hat, dem wird klar sein, mit welchem großen Handicap er ihn begonnen hat. Wenn, wie *Spitz* (54, S. 61) es formuliert hat, »der bei weitem wichtigste Faktor, der das Kind in die Lage versetzt, allmählich ein kohärentes begriffliches Bild seiner Welt aufzubauen, . . . aus der Wechselbeziehung zwischen Mutter und Kind« stammt, dann mußte das absolute Fehlen dieser Bezugsperson für die gesamte Entwicklung bei Andreas verheerende Folgen haben.

Defizite und Hoffnungen

Die Stationen im Leben von Andreas vor seiner Heimentlassung waren:

Geburt bis 6. Woche:	Krankenhaus
7. Woche:	Kinderheim
8.–12. Woche:	Universitätsklinik
13. und 14. Woche:	Kinderheim
15. und 16. Woche:	Universitätsklinik
17. Woche – 2;2:	Kinderheim
2;2 – etwa 3;0:	Heime (Kinderhaus)
3;0 – 6;6:	Heime (Pflegestation)

Danach war es in den ersten 3 1/2 Monaten für Andreas völlig ausgeschlossen, irgendeinen festen Kontakt zu einer Bezugsperson aufzubauen. Aus den Berichten der Universitätsklinik geht nicht hervor, welche tiefere Ursache für die zweimalige Erkrankung an Dyspepsien bei Andreas angenommen wurde, die Vermutung ist aber nicht abwegig, daß es sich um Hospitalismus-Erscheinungen gehandelt hat.

Nach dem zweiten Klinikaufenthalt war Andreas ohne Unterbrechung bis zum Alter von 2;2 Jahren in der gleichen Säuglingsabteilung des Kinderheimes. Mindestens eine der drei sich im Schichtdienst abwechselnden Betreuerinnen (für durchschnittlich 10 Säuglinge) arbeitete den gesamten Zeitraum auf der Station. Das war für Andreas zwar eine bessere Lage als vorher, dennoch läßt sich abschätzen, welche Zuwendung er dabei selbst bei bestem Bemühen des Personals erhalten konnte. Möglicherweise hat sich dabei etwas zu seinen Gunsten ausgewirkt, daß er das einzige behinderte Kind war und so mehr Aufmerksamkeit bekam. Es darf aber bezweifelt werden, daß Andreas in dieser Zeit zu irgendeiner dieser Pflegerinnen einen festen Bezug im Sinne der ersten Objektbeziehung herstellen konnte. Die Betreuerin, mit der wir sprechen konnten, hatte sehr undeutliche Erinnerungen an ihn und konnte uns nur sehr wenig über seine Entwicklung und sein Verhalten sagen. Der Heimleiter erinnerte sich nur daran, daß Andreas im 2. Lebensjahr große Angst vor Fremden hatte und auf ihr Erscheinen mit Weinen und Schreien reagierte.

Der Wechsel in die anderen Heime brachte für Andreas mit Sicherheit keine Verbesserung, eher eine deutliche Verschlechterung, wie die auf Seite 33 ff. zusammengetragenen Beobachtungen vermuten lassen.

Andreas war damit in den ersten 5 1/2 Jahren seines Lebens nicht nur ausschließlich im Heim, sondern er mußte dazu noch mindestens sechsmal massive Veränderungen dieser unbefriedigenden Umwelt hinnehmen.

Bei einer derart gestörten emotionalen Entwicklung sind schon bei einem nichtbehinderten Kind massive Hospitalismusschäden zu erwarten, wie z.B.

fehlende Bindungsfähigkeit
vermindertes Interesse an der Umwelt
verminderte Reaktionsbereitschaft
allgemeiner Entwicklungsrückstand
sozial bedingte zentrale Wahrnehmungsstörungen
Stereotypien
Schwierigkeiten, sich neuen Situationen anzupassen
Rückstand in der Sprachentwicklung.

Um wieviel schwerer mußte die Heimsituation ein behindertes Kind treffen.

Als die *Mutter* Andreas mit 5 1/2 Jahren kennenlernte, stand sie vor einem Kind, das zwar nicht die Merkmale des Hospitalismus im engeren Sinne aufwies, jedoch sonst mit allen oben genannten typischen Schäden behaftet war.

In der nun folgenden Zeit machte Andreas völlig neue Erfahrungen. Er erlebte, daß in recht regelmäßigen Abständen jemand kam, der nur für ihn da war, der sich für ihn interessierte, der ihm, vielleicht zum erstenmal in seinem Leben, gleichmäßige und stetige Zuwendung entgegenbrachte, der seine Wünsche und Bedürfnisse beachtete.

Ich kann nicht beurteilen, ob das, was Andreas zu seiner *Mutter* aufbaute, eine Beziehung ähnlich einer ersten Objektbeziehung war. *Schraml* (51) spricht im Zusammenhang mit der primären Sozialisierung des Kindes davon, daß die ersten Lebensstunden und Lebensmonate als sensible Phase für die Entstehung von Objektbeziehungen und Objektbindungen große Bedeutung haben. Unbestritten ist auch, daß eine versäumte oder mangelhafte emotionale Entwicklung bei aller Anstrengung nur zu einem geringen Teil nachgeholt werden kann. Sicherlich aber war es doch eine Beziehung, die sich auch auf die normalerweise im ersten Lebensjahr sich entwickelnden Bereiche auswirkte. Unklar ist auch, wie weit die o.a. sensible Phase mit dem neurologischen Alter korreliert.

Es dauerte bei Andreas lange, bis er überhaupt seine Isolation durchbrechen konnte, die *Mutter* wahrnahm und bei ihrem Kommen eine Reaktion des Erkennens zeigte. Ein Lächeln trat zu dieser Zeit nicht auf. Dann aber »hängte« er sich an sie, wollte ständig auf ihren Arm, drängte andere Kinder von ihr weg und zeigte ein großes Zärtlichkeitsbedürfnis; typische Verhaltensweisen hospitalisierter Heimkinder.

Andreas hatte bis dahin das Gelände der Heime wohl kaum je verlassen. Bereits nach zweimaligem stundenweisen Wegfahren mit der *Mutter* war er bei den folgenden Besuchen stets sehr erwartungsvoll und drängte zum Weggehen. Für ihn war fast alles neu: Autos, Straßen mit Verkehr, Geschäfte, eine normale Wohnung, Wald, Gras, die Möglichkeit, sich einmal frei zu bewegen usw.. Die *Mutter* bemühte sich besonders am Anfang sehr, mit ihm viel zu unternehmen.

Andreas nahm dies aber sehr schnell als selbstverständlich hin und stellte außerordentlich hohe Ansprüche. Konnte einmal nichts unternommen werden, weil z.B. kein Auto zur Verfügung stand, reagierte er sehr unwillig.

Andreas freute sich zu dieser Zeit schon, wenn ihm nach vorheriger telefonischer Ankündigung des Abholens die von der *Mutter* gekaufte neue Kleidung angezogen wurde. Er wartete dann unruhig an der Eingangstür. Auf das Anziehen der Anstaltskleidung vor dem Zurückbringen reagierte er mit deutlichem Protest.

Dieses Übergangsjahr muß für Andreas nicht einfach gewesen sein mit dem ständigen Wechsel zwischen der von ihm wohl zunehmend als bedrückend erlebten, aber gleichwohl auch wieder vertrauten Heimsituation und den Wochenenden mit emotionaler Zuwendung und der großen Fülle neuer Erfahrungen und Erlebnisse.

Abb. 7: Das erste von der Mutter aufgenommene Foto (5;9).

Abb. 8: Auf dem Gelände der Sonderkindertagesstätte.
Die Hosen stammten aus dem Heim (5;9).

Abb. 9: Nachdem Andreas schon zwei Wochen bei der Mutter gewesen war, fährt er hier mit ihr in den Urlaub (6;0).

7

9

Durch sein Verhalten machte er sehr deutlich, was er vorzog. Konnte er wegen einer Erkrankung nicht aus dem Heim mitgenommen werden, versuchte er dennoch seinen Schlafanzug auszuziehen. Von der *Mutter* in solchen Fällen mitgebrachtes Spielzeug ließ er unbeachtet im Bett liegen und schaukelte fast ständig.

Sein Wahrnehmungsvermögen war infolge des Fehlens der affektiven Beziehung als »Bahnbrecher für die Entwicklung der Wahrnehmung« (*Spitz* 54, S. 92) sehr wenig entwickelt. Selbst lautes Ansprechen oder das Erscheinen der *Mutter* beim Abholen aus der Schule verstand er nicht als Signal. Überhaupt machte Andreas anfangs den Eindruck eines Kindes, das in weitgehender Isolation und Untätigkeit, was die Wahrnehmung betrifft, gefangen war. So wenig er, abgesehen von Stereotypien, von sich aus tätig wurde, so sehr wurde er aber fasziniert von allem, was um ihn in Bewegung war.

Die Beziehung zwischen Andreas und der *Mutter* festigte sich durch den vierwöchigen Aufenthalt bei ihr im Sommer erheblich. Das zeigte sich auch darin, daß, wie im Abschnitt Sauberkeitserziehung geschildert, Andreas innerhalb einer Woche sauber wurde und sein auf dem Topf gemachtes Geschäft offenbar als Geschenk an sie betrachtete. Es zeigte sich auch an seiner Reaktion, als nach den ersten beiden Ferienwochen für die geplante Fahrt in den Bayrischen Wald vorsorglich ein Krankenschein aus dem Heim geholt wurde. Andreas kannte inzwischen den Weg dorthin. Am Morgen war er nachgewiesen fieberfrei, bei der Ankunft im Heim hatte er plötzlich über 39°C Temperatur, so daß man ihn gleich dortbehalten wollte, bei der dann aber schließlich erreichten Rückkehr in die Wohnung der *Mutter* war die Temperatur wieder verschwunden. Diese Erscheinung wiederholte sich von da an regelmäßig. So massive Verlustängste setzen aber eine doch wohl vorhandene Bindung voraus. (Abb. 9)

Während die *Mutter* in den beiden ersten Ferienwochen mit Andreas fast ganz allein gewesen war, kam er nun im Urlaub viel mit anderen Leuten zusammen. Er zeigte dabei eine große Distanzlosigkeit und ging, ohne die *Mutter* zu vermissen, einfach mit diesen mit. Dieses Verhalten ist, wenngleich nicht so ausgeprägt und stetig abnehmend, auch heute noch zu beobachten. Sonst aber machte er besonders motorisch gute Fortschritte.

Nach dem Urlaubsende konnte die *Mutter* vier Wochen lang keinen Kontakt zu Andreas aufnehmen, und das Verhalten auf der Station veränderte sich erheblich: Andreas wurde verhaltens-»auffällig«, eine durchaus als normal und gut anzusehende Reaktion. Die Beschreibung seines Verhaltens legt den Schluß nahe, daß es sich nach dem vierwöchigen Aufenthalt bei der *Mutter* um eine Art Separationsschock gehandelt haben könnte. Offenbar war er nun nicht mehr in der Lage, diese Veränderungen protestlos hinzunehmen. Daraus zog man im Heim aber nicht den Schluß, daß die Situation auf der Station für ihn unbefriedigend sein mußte. Vielmehr riet man der *Mutter* zur Aufgabe der Bemühungen um ihn.

Hätte nicht bei der *Mutter* von Anfang an die feste Absicht bestanden, sich ständig um Andreas zu kümmern und schließlich die Absicht, ihn ganz zu sich zu nehmen, dann wäre es wirklich besser für ihn gewesen, ihn ganz in der Heimsituation zu belassen, so furchtbar das auch klingt. So aber kann der von der Heimleitung der *Mutter* gegebene »Rat«, ihre Bemühungen um Andreas einzustellen, nur Unverständnis hervorrufen.

Nach dem Sommerurlaub und den vier Wochen ohne Kontakt war Andreas durchgehend bis zu seiner Entlassung krank, und es dürfte nicht abwegig sein, zwischen dieser Krankheit und der Trennung von der *Mutter* einen Zusammenhang zu vermuten. Beim ersten Besuch bei der *Mutter* hatte er keinen Kontakt mehr zu ihr, jammerte und weinte ständig, hing andererseits dauernd an ihrem Rockzipfel und wirkte nach ihrer spontanen Beschreibung »wie ein kleiner Roboter«, ein Zustandsbild, das an Kinder in der Phase der anaklitischen Depression erinnert. Hinzu kam noch, daß die Mutter inzwischen umgezogen war und auch die ungewohnte Umgebung ihn belastete. Er wirkte sehr änglich und näßte und kotete wieder ein. Als die *Mutter* etwas einkaufen wollte, weigerte er sich, in das Auto einzusteigen, offenbar aus Angst, er würde schon ins Heim zurückgebracht. Er rollte sich unter das Auto, warf sich in den Schlamm, so daß er umgezogen werden mußte. Dieses Verhalten zeigte er von nun an regelmäßig, wenn er meinte, er würde zurückgebracht. Außerdem schlug er, wenn er im Auto sitzend die Annäherung an das Heim bemerkte, heftig seinen Kopf gegen die Seitenscheibe.

Mit 6 1/2 Jahren kam Andreas ganz zur *Mutter.* Trotz der mehr als einjährigen Bemühungen im Übergangsjahr mußten erhebliche Störungen festgestellt werden:

Schlafstörungen
Stereotypien
Auf-sich-aufmerksam-Machen.
Hoher Anspruch hinsichtlich Kontakt und Beachtung.
Geringe Frustrationstoleranz im Hinblick auf Kontakt.
Insgesamt sehr geringe Belastbarkeit durch neuartige Situationen.
Aggressives Verhalten gegenüber anderen Kindern aus Eifersucht.
Passive Arbeitshaltung, die meist nur durch individuelle Beachtung verändert werden konnte.
Sehr schwache Bindungsfähigkeit.
Fast völlig fehlende Sprache, sehr geringes Sprachverständnis.
Kontaktsüchtigkeit gegenüber Erwachsenen.
Selbstzerstörungstendenzen.

Sein Verhalten entsprach etwa seinem Entwicklungsalter von nur wenig über einem Jahr. (Siehe Entwicklungsgitter S. 72 ff.).

In den Jahren, die Andreas nun in der Familiensituation lebt, haben sich, verglichen mit diesem Anfangszustand, doch bemerkenswerte Veränderungen ergeben. Er hat im motorischen und kognitiven Bereich deutliche Fortschritte gemacht, die sicher auch mit Fortschritten im emotionalen Bereich einhergehen, bzw. durch sie bedingt sind. Dennoch sind die enormen Defizite im emotionalen Bereich nicht zu übersehen.

Aufgrund der intensiven Zuwendung der *Mutter* konnte er zu ihr eine oberflächliche Bindung aufbauen.

Es war für Andreas sicher sehr wichtig, die *Mutter* anfänglich in den Zeiten, in denen er mit ihr zusammen war, nicht mit anderen Personen (Kindern oder Erwachsenen) teilen zu müssen. Freunde, die häufiger besucht wurden, empfand er wohl nicht als eine solche Konkurrenz.

Die *Mutter* stand zu dieser Zeit allein und mußte damit zwangsläufig berufstätig sein. Sie mußte deshalb ihr Leben so gestalten, daß es sowohl für Andreas wie auch für sie selbst auf Dauer zufriedenstellend war. Dazu gehörte neben der selbstgewählten Aufgabe der umfassenden Sorge für Andreas auch das Recht auf ein Eigenleben, ein Punkt, der das dauerhafte Zusammenleben mit einem anderen Menschen, in diesem Fall mit Andreas, überhaupt erst als eine realisierbare Möglichkeit eröffnete. Das entgeht Eltern behinderter Kinder, unter anderem wegen der eigenen Schuldgefühle, so oft, und es wird ihnen daraufhin durch die selbst praktizierte falsche oder fehlende Erziehung ihrer Kinder aus falschem Mitleid mit diesen vollends unmöglich gemacht.

Während der Arbeitszeit der *Mutter* besuchte Andreas die gleiche Tagesstätte, allerdings eine andere Gruppe. Kurze Kontakte waren aber im Verlauf des Tages möglich. In der übrigen Zeit war er fast immer mit der *Mutter* zusammen, die ihr Leben nach seinen Bedürfnissen gestaltete, aber einerseits die alltäglichen Dinge erledigen mußte, andererseits im oben angeführten Sinn auch noch leben wollte und mußte. Sie wählte deshalb in vernünftiger Interessensabwägung den Weg, Andreas an diesen Aktivitäten weitgehend teilnehmen zu lassen. Es erschien ihr wichtiger, Andreas das sichere Gefühl ihrer Nähe zu geben, als ihm durch Alleinlassen oder Betreuung durch Dritte größere äußere Ruhe zu geben. Vor allem sah sie auch die Notwendigkeit, ihn daran zu gewöhnen, sich in den verschiedenen Situationen adäquat zu verhalten, denn mit zunehmendem Alter wäre ein Alleinlassen immer schwieriger geworden. Und schließlich verfolgte sie das Ziel, das Leben dieses behinderten Kindes so normal verlaufen zu lassen, wie das irgend möglich war.

Es läßt sich leicht vorstellen, welche Konflikte ihr daraus erwuchsen. Obwohl Andreas wirklich sehr bald lernte, sich angepaßt zu verhalten, wohl auf der Basis des Wissens um ihre stets gleichbleibende Zuwendung, wurde sie mit ihm z.B. in Restaurants und Eisdielen mehrfach nicht oder erst nach sehr energischen Protesten bedient. Sogar ihre Kolleginnen und Kollegen der Sonderkindertagsstätte (!) weigerten sich, sie zusammen mit Andreas auf den Betriebsausflug mitzunehmen. Auch heute noch wird sie gelegentlich von lieben Zeitgenossen angepöbelt, besonders immer wieder in der Straßenbahn und in Geschäften.

Andreas machte alle Unternehmungen bereitwilligst mit. Er saugte und saugt noch immer alle Reize, alles Neue, alles Interessante wie ein Schwamm in sich auf und zeigt selbst bei zeitlich langdauernden Unternehmungen, Ausflügen, abendlichen Veranstaltungen usw. kaum Ermüdungserscheinungen. (Der Reiz als funktionelle Nahrung für die Sinnestätigkeit?). Offenbar hatte er sich im Heim genügend »ausgeruht«. Er reagiert regelmäßig sehr unwillig, wenn dann schließlich doch ein Ende sein muß.

Ein Anzeichen dafür, daß zwischen Andreas und der *Mutter* doch eine relativ enge Bindung entstand, ist die Tatsache, daß Andreas im ersten Jahr bei der *Mutter* nie in der Tagesstätte seine Geschäfte erledigt hat, sondern immer nur zu Hause, was natürlich wegen der Länge der Zeit gelegentlich zu kleinen »Unfällen« führte.

Die Umstellung vom Heim auf eine normale Wohnung war für Andreas nicht einfach. Er konnte anfangs mit den meisten Dingen darin nicht adäquat umgehen. Auch vom Tageslauf her war es für ihn eine wesentliche Umstellung. Ein großes Problem, das uns heute noch beschäftigt, ist sein gestörtes Schlafverhalten.

Mein Hinzukommen stellte für Andreas eine erhebliche Belastung dar. Er besaß nun nicht mehr die ungeteilte Aufmerksamkeit und Zuwendung der *Mutter*, sondern mußte sie mit einer anderen Person teilen. Nach den Beobachtungen der *Mutter* führte das anfänglich zu merklichen Veränderungen. Andreas versuchte mit allen Mitteln, mehr Aufmerksamkeit auf sich zu ziehen: Er jammerte wieder viel ohne erkennbaren Grund. Die vorher in Ansätzen schon vorhandenen Spielphasen in seinem Zimmer hörten wieder auf, und er versuchte, ständig um die *Mutter* herum zu sein. Er schaukelte wieder häufiger und lief beim Spazierengehen wieder nur an der Hand. Bei Tisch versuchte er, mit allen möglichen Dingen die Aufmerksamkeit auf sich zu ziehen, wenn wir uns intensiver unterhielten. Klappte das nicht, fing er auch bei Tisch an zu onanieren. Im Verlauf des ersten Jahres bei der *Mutter* war das Onanieren bei ihm erstmalig beobachtet worden. Es trat zeitweise sehr gehäuft auf, hat aber wieder nachgelassen. Insgesamt war er sehr unausgeglichen.

Nach wenigen Wochen beobachtete die *Mutter,* daß Andreas anfing, mich in der Wohnung zu suchen. Fand er mich nicht, setzte er sich hin und schaukelte heftig. Etwas später zeigte er deutliche Freude, wenn er meinen Wagen vor dem Haus entdeckte.

Als einmal ein Wagen gleicher Farbe und gleichen Typs dort stand, suchte er mich lange in der ganzen Wohnung und nahm mir gehörende Gegenstände fragend in die Hand.

Insgesamt schien sich Andreas nach einem Vierteljahr mit den Veränderungen abgefunden zu haben, und er begann allmählich, auch zu mir eine lose Beziehung aufzubauen. Heute scheint er mich als männliche Bezugsperson voll akzeptiert zu haben, doch ist die Beziehung zur *Mutter* erkennbar enger. Die anfänglich beobachteten Eifersuchtsreaktionen klingen langsam ab. Im ersten halben Jahr kam es häufiger vor, daß er die *Mutter* kniff oder ihr einen Schlag versetzte, wenn er der Meinung war, sie beschäftige sich zu sehr mit mir.

Auch seine Möglichkeiten, andere Kinder in der Nähe der *Mutter* zu dulden, sind gewachsen. Im Verhältnis zu unserer kleinen Tochter haben wir noch keinerlei Eifersuchtsreaktionen beobachtet. Dennoch sind die vorhandenen Bindungen an die *Mutter* und mich offenbar noch so schwach, daß sie durch von anderen Personen kommende äußere Anreize sehr leicht wirkungslos gemacht werden können. Andreas geht völlig bedenkenlos mit jedem mit, der ihm etwas Interessantes bietet. Er hat bisher keinen Abschiedsschmerz gezeigt, wohl aber Freude beim Wiederkommen. Inzwischen kann er auch von sich aus leichter lose Kontakte und Bindungen herstellen. Seine erste Klassenlehrerin hatte er recht bald akzeptiert. Als sie wegen einer Erkrankung für eine gewisse Zeit fehlte, war in seinem Verhalten nach dem Unterricht eine eindeutige Verschlechterung der Ausgeglichenheit festzustellen.

Mit anderen Kindern hat er noch immer Schwierigkeiten. Größeren oder überlegenen Kindern geht er aus dem Wege oder reagiert aus Angst aggressiv, jüngeren Kindern wendet er sich besonders in letzter Zeit vermehrt zu. Andreas hat bisher so gut wie keine Besitz- und Wertvorstellungen entwickelt. Das zeigt sich beim Umgang mit seinem Spielzeug recht deutlich. Er teilt gern und gibt auch von Dingen, die er selbst sehr gern ißt, ohne zu zögern ab.

Noch immer aber fällt er leicht in frühere Haltungen zurück oder startet Bestrafungsaktionen. Wird ihm z.B. am Tisch etwas versagt, bringt er es fertig, eine ganze Palette von unerwünschten Verhaltensweisen, die er normalerweise sehr gut vermeiden kann, in kürzester Zeit ablaufen zu lassen:

Lautes Rülpsen, Verkleckern von Essen, Herauslaufenlassen von Speichel, Essensresten und Getränken aus dem Mund, gieriges Hinunterstürzen seines ganzen Becherinhalts, Husten, Fallenlassen von Besteck, Serviette usw..

Seine früheren Reaktionen, Gegenstände und auch Personen, besonders die *Mutter,* wie jedoch mich, nach schmerzhaften Erlebnissen oder Frustrationen zu treten, zu schlagen oder zu kneifen, sind seltener geworden, treten aber noch hin und wieder auf.

Mit 8;7 spritzte ich beim Baden Andreas, der bereits aus der Wanne gestiegen war und mich dann mehrfach von draußen naßgespritzt hatte, einen kräftigen Schwall Wasser ins Gesicht. Nach einem kurzen Augenblick reglosen Verharrens weinte er empört los und versetzte der neben ihm stehenden *Mutter,* die überhaupt nichts damit zu tun hatte, mehrere heftige Schläge mit der Hand.

Andreas hat noch immer ein sehr großes Bedürfnis nach Zärtlichkeit und Zuwendung. Ist er mit mehreren Personen zusammen, versucht er mit Kaspern, Husten, Lachen, Schreien oder durch andere Dinge auf sich aufmerksam zu machen. Er hängt sich an sie, versucht, an ihnen hochzuklettern oder sie zum Toben zu veranlassen. Bei uns läßt er diese Versuche völlig sein, es sei denn, wir spielen und toben von uns aus mit ihm.

Wie stark es von unserer Anwesenheit abhängig ist, wie er sich verhält, wird auch bei der Durchführung des Förderprogramms deutlich. Andreas machte gut mit, solange die *Mutter* in seiner Nähe ist. Sieht er aber, daß sie im Augenblick nicht eingreifen kann oder wird das Programm mit anderen Personen durchgeführt, schaltet er ab, arbeitet nicht mit und versucht zu toben. Was bei diesem Toben wirklich in ihm abläuft, wissen wir nicht. Unsere Vermutungen gehen dahin, daß es sich um eine im Heim gelernte Verhaltensweise handelt, um so Körperkontakt und Zuwendung zu bekommen. Bisher haben wir keine Möglichkeit gefunden zu erreichen, daß sich Andreas auch ohne unsere Anwesenheit angepaßter verhält.

Sein großes Bedürfnis nach Körperkontakt zeigt sich besonders beim gemeinsamen Baden. Er gerät dann oft in einen rauschähnlichen Zustand, der nicht mehr zu beenden ist. Wir bringen ihn dann in der Regel mit den üblichen Ritualien zu Bett.

Sind andere Kinder bei uns in der Wohnung zu Besuch, zeigt er manchmal noch heftige Eifersuchtsreaktionen.

Mit 8;8 hatten wir zwei Wochen lang ein elfjähriges autistisches Mädchen zu Gast. Am Anfang dieser Zeit zog er das körperlich erheblich größere Mädchen häufig an den Haaren oder ärgerte es auf andere Weise. Er kannte es und wußte, daß es vor ihm Angst hat. Am zweiten Aufenthaltstag machte er, was seit 1 1/2 Jahren nicht mehr vorgekommen war, einen großen Haufen mitten ins Bad, schüttete später beim Baden 3 Schüsseln Wasser auf den Boden und stieg schließlich am Nachmittag mit völlig verschmutzten Stiefeln in das Bett des Mädchens und schaukelte darin heftig.

Gegen Ende des Aufenthalts ließen die Erscheinungen aber nach. Das Spiel- und Arbeitsverhalten ist sehr viel besser geworden. Schaffte er es früher kaum, sich kurze Zeit selbst zu beschäftigen, spielt er heute häufig bis zu 1 1/2 Stunden in seinen Zimmern, ohne die Nähe der Erwachsenen zu suchen.

Seine mimischen, gestischen und (am wenigsten) verbalen Ausdrucksmöglichkeiten sind in ihrem Zusammenspiel inzwischen so perfekt, daß auch Fremde ihn gut »verstehen« können. Im sprachlichen Bereich weist er immer noch den größten Rückstand auf, und es ist heute noch nicht abzusehen, ob und in welchem Umfang er emotional einmal in der Lage sein wird, auf diesem Gebiet noch Zugeständnisse zu machen.

Andreas zeigt ein beachtliches Einfühlungsvermögen. Stimmungsschwankungen, Fröhlichkeit und Traurigkeit bemerkt er sofort. Häufig kommt er, wenn jemand von uns traurig ist, tröstet und streichelt ihn, schmiegt sich an. Geistig behindert?

Schlafstörungen

Es war von Anfang an sehr schwierig, Andreas abends zum Einschlafen zu bringen. Sein Zimmer mußte völlig verdunkelt sein. Dennoch stand er oft stundenlang immer wieder aus seinem Bett auf, machte sich das Licht an und spielte oder tollte in seinem Zimmer umher, räumte das Bettzeug aus dem Bett, zog seinen Schlafanzug aus und räumte Kleiderschrank und Kommode leer. Oft setzte er sich auch in eine Ecke und schaukelte heftig. Zeitweise bevorzugte er dazu die Tür des Kleiderschrankes, die jedesmal einen heftigen Knall erzeugte. Wenn man ihn gewähren ließ, schlief er nach 21.30 Uhr schließlich irgendwo in seinem Zimmer in oft akrobatischen Stellungen ein. Zu Bett gebracht wurde er anfangs gegen 19 Uhr. Die *Mutter* versuchte alles, was normalerweise Kindern zum Einschlafen verhilft, um diese Phase zu verkürzen, jedoch völlig ergebnislos. Auch beruhigende Medikamente hatten keinerlei Wirkung. (Unter anderem bekam er Valium, Mogadan, Neurocil und Haloperidol in Erwachsenendosierungen.) Der einzige Weg, um diesen Einschlaf-Zirkus sehr plötzlich zu beenden, waren drei kräftige Klapse auf das Gesäß. Danach hingelegt, schaukelte Andreas noch 2–3 Minuten und schlief anschließend fest ein.

Er schlief dann bis etwa 3 Uhr. Um diese Zeit stand er auf, machte sich Licht, fing an zu spielen oder zu schaukeln oder unter Erzeugung eines ununterbrochenen Lachens, aus dem er nicht mehr herauskam, in seinem Zimmer herumzutoben. Manchmal half ein energischer Rücktransport ins Bett, in der Mehrzahl der Fälle jedoch nicht, so daß im Interesse des Schlafs der Nachbarn oft ein regelmäßiges Aufstehen in Viertelstunden-Abständen erforderlich war, um die Lautstärke auf einem erträglichen Pegel zu halten. Der Versuch, die so natürlich gegebene Zuwendung und Verstärkung seines Verhaltens durch ein Gewährenlassen zu vermeiden und es zu ändern, konnte wegen der Nachbarn nicht zu lange ausgedehnt werden und blieb daher erfolglos. Auch vorheriger Schlafentzug nutzte nichts. Erst zur normalen Aufsteh-Zeit wurde Andreas wieder müde und schlief oft so fest ein, daß er nur mit großer Mühe geweckt werden konnte und entsprechend verschlafen war.

Beim Einschlafen beobachteten wir durchgängig Schaukeln und Kopfwiegen, ebenso beim Erwachen, doch sind die Phasen inzwischen kürzer geworden.

Aus einem Erfahrungsbericht schwedischer Eltern eines Kindes mit Schlafstörungen entnahmen wir die Anregung, es mit einer Hängematte zu versuchen, da sich das Kind darin durch die eigenen Schaukelbewegungen wieder in den Schlaf schaukelt. Also kauften wir eine Hängematte, befestigten sie in seinem Zimmer und lösten auch das Problem des Zudeckens, anfangs mit normalen Schlafdecken, später dann durch Schlafsäcke, die wir aus Wolldecken nähten und, da Andreas eine enorme Fertigkeit entwickelte, aus ihnen herauszukriechen, mit einer Verschnürung auf dem Rücken versahen. So kann er sich zwar mit dem Schlafsack frei bewegen, ihn aber nicht ausziehen, was die Erkältungsgefahr mindert. (Im Urlaub lief er mit diesem Schlafsack eine steile Treppe hinauf und hinunter.) Am ersten Abend zeigte Andreas etwas Angst vor der neuen Schlafgelegenheit, doch bald freute er sich regelmäßig, wenn er in die Hängematte gelegt wurde.

Der Erfolg war verblüffend. Nach einer kurzen Eingewöhnungsphase schlief Andreas seitdem in einer Zeitspanne von längstens 30 Minuten ein. Er schlief die allermeisten Nächte durch und mußte morgens häufig geweckt werden. Selbst das zur Straße hin nicht sehr abgedunkelte Fenster und die morgendliche Helligkeit störten ihn nicht mehr.

Ab und zu wachte er anfangs morgens gegen 4 Uhr auf, schaukelte, rief auch manchmal etwas, war aber in der Regel durch eine Ermahnung zum Stillsein zu bewegen und wiegte sich in den meisten Fällen wieder in den Schlaf.

Nach einiger Zeit hatte er es gelernt, sich mit dem Schlafsack aus der immerhin fast einen Meter hoch hängenden Matte herauszuschwingen. Das tat er morgens manchmal sehr leise, und er verhielt sich dann auch beim Spielen so ruhig, daß wir es nur durch zufällige Geräusche entdeckten. Es schien, als wollte er uns nicht aufmerksam machen. (Sonst geht es beim Spielen sehr laut zu.) Um das zu verhindern, wurden die beiden Seiten der Matte in der Mitte durch ein Riemchen etwas zusammengezogen. (Abb. 10)

Welche Erleichterung für uns diese Hängematte war, erfuhren wir drastisch während eines Urlaubs an der Nordsee, in dem Andreas mit 8;5 Jahren wieder in einem Bett schlief. Andreas tollte halbe Nächte in seinem Zimmer herum und schlief trotz erheblich körperlicher Betätigung selten mehr als 5 Stunden hintereinander.

Für künftige Urlaubsreisen wurde deshalb eine transportable Aufhänge-vorrichtung für die Hängematte besorgt, die sich gut bewährt hat.

Nach längerdauernder Benutzung der Hängematte und vielleicht auch durch die allgemeine Entwicklung hatte sich das Schlafverhalten bis zum Alter von 9;3 soweit normalisiert, daß ein normales Schlafen im Bett wieder möglich ist, allerdings mit Hilfe eines Schlafsackes, der am Bett befestigt ist und den er nicht verlassen kann. Seitdem Andreas mehr und regelmäßiger schläft, wirkt er viel ausgeglichener, weniger eretisch (reizbar, erregbar), und auch seine Gesichtsfarbe ist frischer geworden. Er erhält keinerlei beruhigende Medikamente mehr.

Eine direkte Erklärung für seine Schlafstörungen haben wir nicht gefunden, obwohl wir eine ganze Reihe von Faktoren in die Beobachtung einbezogen hatten, z.B. Zeitpunkt des Zu-Bett-Gehens, Zimmertemperatur, körperliche Betätigung im Verlauf des Tages, Zuwendung, Fernsehen, Essensmenge, Mondphasen. Der einzige gesicherte Zusammenhang scheint die Abhängigkeit von seinem Gesundheitszustand zu sein, doch darin unterscheidet er sich nicht von allen anderen Kindern. Das erklärt auch nicht die Schlafstörungen im Urlaub, in dem er sich allem äußeren Anschein nach ausgesprochen wohl fühlte. Die gestörten Nächte im Heim haben offenbar auf seine Wachzeiten keinen direkten Einfluß, doch ist ihre Auswirkung möglicherweise allgemeiner. (Zu den angeführten Störzeiten zeigte die Gesamtzahl der Störungen keine Auffälligkeiten.) Damit dürften die Ursachen für die Schlafstörungen zumindest teilweise im emotionalen Bereich zu suchen sein.

Auffälligkeiten

Neben dem gestörten Schlafverhalten zeigt Andreas einige weitere Auffälligkeiten.

Bei allen Spaziergängen in den ersten beiden Jahren war er nur zum freien Laufen zu bewegen, wenn er einen belaubten oder mit Nadeln versehenen Zweig in die Hand bekam. Er wedelte damit vor sich auf dem Boden herum, berührte mit ihm auf dem Weg liegende Gegenstände und bellte häufig dazu.

In diesen Zusammenhang paßt eine Beobachtung, die die *Mutter* in der Anfangszeit machte. Andreas war von den sich im Wind bewegenden Zweigen der Bäume so fasziniert, daß er alles um sich herum vergaß und in den Wald hineinging. Auch mit dem auf Seite 121 beschriebenen Zerstören bzw. Umwerfen von Blumen und dem Herabreißen von Gardinen besteht wohl ein Zusammenhang.

Schon von Anfang an zeigte Andreas ein sehr großes Interesse für Spiegel, besonders für Handspiegel, außerdem auch für alle anderen spiegelnden Flächen. Er hat in den vergangenen Jahren wohl rund 50 Taschenspiegel verbraucht. Wann und wo immer es ihm erlaubt wurde, führte er einen Spiegel mit sich (Abb. 11), im Auto, beim Spazierengehen, beim Schaukeln, beim Essen . . . .

Dabei hielt er sich den Spiegel meistens seitlich dicht an den Kopf, aber nicht so, daß er sich selbst darin sah, sondern er betrachtete durch ihn die Umwelt. In seinem Zimmer, in dem ein alter Schlafzimmerspiegel hängt, sitzt er beim Spielen und Schaukeln bevorzugt davor. Beim Autofahren betrachtete er die Gegend früher fast nur durch diesen Spiegel. Aber auch die Chromverkleidung des Toasters, die Innenseite der Geschirrspülmaschine, Topfdeckel und Löffel benutzt er dazu. Das war anfangs so schlimm, daß die *Mutter* eine bestimmte Sorte Teller nicht zum Essen benutzen konnte, weil Andreas vor lauter »Spiegelei« nicht zum Essen kam.

Aus dem gleichen Grund ist er wohl auch von Wasserflächen so fasziniert. Die *Mutter* berichtet, daß er z.B. im Sommer an der Nordsee (7;0) stundenlang am Wasser sitzen und die spiegelnden Wellen beobachten konnte.

Andreas bekam zu Weihnachten (mit 6;6) eine Taschenlampe. Seitdem ist sein Interesse dafür mindestens ebenso groß wie für Spiegel. Er leuchtet damit vor allem in dunklen Ecken, unter Betten und hinter Schränken herum und verdunkelt sich dazu selbst die Wohnung. Bewegliche Lichter bzw. flackernde Lichter wie z.B. bei Spielautomaten oder auf dem Rummelplatz ziehen ihn ebenfalls magisch an, und er kann sehr lange davorstehen und sie wie gebannt betrachten.

Wir haben die Vermutung, daß hinter allen diesen eben genannten Dingen das Bestreben steht, sich optische Stimulation zu verschaffen.

Eine andersartige Auffälligkeit war, daß Andreas stets alle offenstehenden Türen schloß, Zimmertüren ebenso wie Türen von Küchen- und Kleiderschränken. Auch offene Schubladen schob er stets zu, zurückgezogene Vorhänge (wir hatten früher einen solchen unter einer Arbeitsplatte in der Küche) mußten ebenfalls geschlossen werden.

Stören die offenen Türen usw. sein aus dem Heim mitgebrachtes Ordnungsprinzip? Dort mußten alle diese Dinge immer geschlossen sein. Inzwischen kann er offenstehende Türen tolerieren.

Kommt Andreas in ihm unbekannte Räume, dann war es bisher eine seiner ersten Tätigkeiten (und sie hielt über geraume Zeit an), ständig das

Licht an- und auszuschalten. In ihm vertrauten Räumen tut er das nicht mehr. Möglicherweise besteht hier ein Zusammenhang mit dem beschriebenen Üben des Ein- und Ausschaltens durch die *Mutter.*

Wenn Andreas Hunger hat oder sich intensiv mit etwas befaßt, kommt es häufig, aber nicht regelmäßig vor, daß er seine Zunge in den vorderen Mundbereich rutschen läßt und darauf herumkaut. Die Zungenspitze liegt dann etwas vor den Lippen. Ähnlich verhält er sich bei Halsschmerzen.

Andreas hatte bisher sehr große Angst vor dem Nikolaus. Abb. 12 zeigt das sehr deutlich. Früher war es noch schlimmer, und er machte sich vor lauter Angst in die Hose.

Ob hier ein Zusammenhang mit den frühkindlichen Erlebnissen in Krankenhäusern und Heimen besteht, wo die Schwestern häufig einen Mundschutz trugen?

In diesem Zusammenhang machten wir mit 8;9 eine eigenartige Beobachtung. Wir hatten irgendwann vor Weihnachten in das Zimmer von Andreas ein zeitungsblattgroßes Bild gehängt, auf dem als Reklame für irgendeine Sektmarke mehrere »Nikoläuse« zu sehen waren. Wir hatten uns erhofft, er würde durch den häufigen Anblick etwas von der Angst verlieren. Er beachtete das Bild zunächst aber kaum. An diesem Tag hatte er ohne besonderen Anlaß eine neue Hammerbank geschenkt bekommen. Kurze Zeit später kam er, holte uns nacheinander an der Hand in sein Zimmer und deutete energisch auf das Bild an der Wand, bis wir es herabnahmen und ihm gaben. Er lief damit erst herum, dann legte er sich damit auf den Boden, hämmerte darauf herum, zeigte darauf, gestikulierte, »sprach« und beschäftigte sich auf diese Weise wenigstens 20 Minuten damit, ohne irgendwelche Angst zu zeigen. Wenig später gab es Abendbrot. Danach räumte Andreas seinen Platz frei, holte sich das Bild und forderte Kerzenbeleuchtung an, indem er auf die auf dem Tisch stehende Kerze deutete und das Licht ausmachte. Angstbewältigung? (Abb. 13 und 14)

Andreas hat überhaupt Angst vor Masken aller Art und kann es auch nicht ertragen, wenn ihm oder ihm vertrauten Personen die Augen verbunden werden. Auch auf Puppen hat er früher mit Ablehnung reagiert.

Schließlich ist hier noch eine besondere Art von Lachen zu erwähnen. Dieses Lachen ist schwer zu beschreiben. Es besteht aus einer Kette ununterbrochen hervorgestoßener rauher Laute und unterscheidet sich erheblich von seinem Lachen beim Kitzeln. Andreas gerät in dieses Lachen besonders häufig, wenn er allein in seinem Zimmer spielt. Er liegt dann häufig auf dem Boden, hat ein Spielzeug in der Hand (in letzter Zeit z.B. ein Auto, das er auf dem Boden hin und her schiebt) und lacht und lacht. Dabei ist sein Spiel durchaus nicht eine stereotype Handlung, sondern er spielt damit, wie er es sonst auch tut. Manchmal nimmt er auch seine

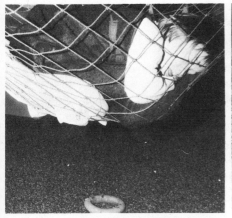

10

11

12

13

Abb. 10: Auch in der Hängematte schlief Andreas oft in kuriosen Haltungen (8;7).

Abb. 11: Andreas mit Spiegel.

Abb. 12: (8;6).

Abb. 13: Andreas ließ sich das Nikolausbild geben (8;9).

Abb. 14: (8;9).

14

Spielzeugkisten und läßt sie gegeneinanderfahren, kramt sie ein und aus. Gelegentlich sitzt oder liegt er auch einfach da und kitzelt sich selbst an den Füßen oder beschäftigt sich sonst mit seinem Körper. Dabei ertönt ununterbrochen dieses bestimmte Lachen. Es hat also den Anschein, als ob es von der eigentlichen Spielhandlung losgelöst ist.

Wird er dabei nicht unterbrochen, was wir durch energisches Ansprechen, notfalls durch einen Klaps auf den Mund erreichen, kann er es stundenlang fortsetzen und steigert sich schließlich so hinein, daß er kaum noch ansprechbar ist; ein rauschhafter Zustand, ähnlich wie bei intensivem Körperkontakt beim Baden. Allgemein ist ein langsames Nachlassen der Häufigkeit des Auftretens dieser Auffälligkeiten zu beobachten.

Stereotypien

Wie bei vielen Kindern seiner Station waren auch bei Andreas im Heim Stereotypien zu beobachten.

Diese neurotischen Störungen können verschiedene Ursachen haben. Sie entwickeln sich nach Strunk (25) aus dem Zusammenwirken von in der Persönlichkeitsstruktur des Kindes liegenden und äußeren Bedingungen. Stereotypien können der einfachen Erregungsabfuhr dienen, sie können auf einen Mangel an altersentsprechenden Umweltreizen zurückgehen, aber ebenso auch zur Selbstbefriedigung oder Selbstberuhigung benutzt werden und schließlich auch als Trotzreaktion aufgefaßt werden. »Bei Kindern, die in einer lieblosen Atmosphäre aufwachsen, kann der lustvolle Charakter der Bewegungsstereotypien ganz vorherrschen. . . . Die Häufigkeit, mit der das Symptom bei Heimkindern angetroffen wird, weist ganz eindeutig darauf hin, daß es sich um Ersatzbefriedigungen für einen Mangel an liebevoller Zuwendung handelt.« (*Strunk* 25, S. 130).

Im Heim waren bei Andreas zu beobachten:
Sehr häufiges und heftiges Oberkörper-Schaukeln (Jactatio corporis), häufig verbunden mit einem rhythmischen Brummen und Lufteinziehen und einem Schlagen mit der Hand,
Kopfwiegen (Jactatio capitis); seine Haare am Hinterkopf waren dadurch restlos verfilzt,
Kopf seitlich an der Wand oder an Möbelstücken entlangreiben,
Schnalzen mit der Zunge,
Zungenbewegungen, bei denen die Zunge seitlich hin und her geschwungen wird (ähnlich einem schaukelnden Boot); der Mund steht dabei offen,
Kratzen mit den Fingern, besonders an rauhen Gegenständen wie Mauerwerk, Bast,

Fingerklopfen: Hierbei legt er die Hand mit dem Handrücken auf einen Gegenstand, z.B. einen Tisch, und klopft mit Mittel- und Ringfinger in sehr schnellen Bewegungen darauf herum.

(Möglicherweise wäre auch das im vorigen Abschnitt beschriebene idiotisch wirkende Lachen hier richtiger eingeordnet.)

Alle diese Stereotypien traten auch in der Anfangszeit bei der *Mutter* sehr häufig auf, und keine davon ist bis heute restlos verschwunden, auch wenn Häufigkeit und Intensität erheblich abgenommen haben.

Das Kratzen an Mauerwerk hat ganz aufgehört, doch kratzt Andreas noch an rauhen Gegenständen herum.

Schnalzen und Fingerklopfen treten nur noch vereinzelt auf. Das Kopfwiegen beobachten wir nur noch beim Einschlafen und Aufwachen.

Schaukeln ist immer noch häufig zu beobachten, doch hat es ebenfalls nachgelassen, und vor allem hat sich eine Veränderung vollzogen. Anfangs schaukelte Andreas bei jeder Gelegenheit: im Auto, vor dem Plattenspieler, vor dem Fernsehgerät, umgeben von Spielzeug, mit dem Spiegel in der Hand. Er tat es immer dann, wenn sich die *Mutter* nicht unmittelbar mit ihm befaßte oder befassen konnte. Auch beim Spazierengehen setzte er sich oft auf den Boden und schaukelte, wenn er nicht weiter wollte oder konnte.

Dieses Schaukeln war mit einer hohen Isolation von der Umwelt verbunden und nicht leicht zu unterbrechen. Inzwischen braucht Andreas nicht mehr in dem Maße wie früher die ständige und direkte Zuwendung, sondern kann sich über längere Zeit gut allein beschäftigen. Häufig geleitet er uns sogar freundlich zur Tür seines Zimmers, schiebt uns hinaus und schließt die Tür hinter uns und macht uns so deutlich, daß er auf unsere Anwesenheit verzichtet. Dennoch fängt er manchmal, wenn wir ihn in sein Zimmer zum Spielen schicken, auf dem Bett zu schaukeln an. Wenn wir es bemerken, in das Zimmer schauen, ihn nur fragend ansehen oder auch etwas zu ihm sagen, hört er auf, kommt vom Bett herunter und spielt dann allein, ohne wieder in das Schaukeln zurückzufallen. Er isoliert sich bei diesem Schaukeln kaum noch von der Umwelt. Ich wollte für diese Arbeit eigentlich ein »echtes« Schaukelfoto machen, aber es ist mir nicht mehr gelungen, weil er mein Hereinkommen jedesmal sofort bemerkte. Eine andere Situation, in der er noch schaukelt, ist starke Frustration. Wird ihm etwas versagt, was er sehr gern möchte, zieht er sich in sein Zimmer zurück, lehnt die Tür an und schaukelt dann so heftig, häufig unter Erzeugung eines so lauten »Gesanges« und dabei so genau beobachtend auf die Tür schielend, daß die Absicht, seine Enttäuschung und seinen Ärger auf diese Weise demonstrativ kundzutun, unverkennbar ist. In letzter Zeit beginnt er, in solchen Situationen demonstrativ laut aufzuheulen.

Im Auto schaukelt Andreas seit 8;3 nicht mehr, regelmäßig jedoch noch beim Einschlafen und bei Unwohlsein.

Eine wirkliche Erklärung für die Frage, warum Down-Patienten (auch Nicht-Heim-Patienten) so regelmäßig schaukeln, habe ich nicht gefunden.

Einstufung nach dem Entwicklungsgitter von Kiphard (Abb. 15)

Unabhängig von den in den folgenden Abschnitten wiedergegebenen Beobachtungen soll hier der Versuch einer möglichst objektiven Einschätzung des Entwicklungsstandes von Andreas erfolgen, und zwar auch nachträglich für die Zeit seit dem Kennenlernen durch die *Mutter*. Es ist klar, daß dabei einige Unsicherheitsfaktoren mitwirken, so daß die gewonnenen Werte nur als Näherungswerte angesehen werden dürfen.

Das zur Zeit hier wohl bekannteste und detaillierteste Entwicklungsgitter ist das sensomotorische Entwicklungsgitter nach Kiphard. Es sieht als Grobdiagnostikum für das Alter bis zu 4 Jahren je Lebensmonat die Erfüllung einer Aufgabe vor, wobei ein Teil der Items, gekennzeichnet durch einen Stern, statistisch gesichert ist. Halbe Lösungen sind durch einen Schrägstrich markiert. Gelöste Items zählen einen Punkt, halbe Lösungen 1/2 Punkt. Die Summe der gelösten Items je Bereich ergibt das ungefähre Spätestentwicklungsalter des Kindes.

»Mit dem Entwicklungsgitter wird keine Normalentwicklung erfaßt, sondern die Minimalentwicklung als *unterste* Grenze der Norm. Darüber hinausgehende Rückstände haben eine Bedeutung.« (*Kiphard* 31, S. 92). »Die Alterswerte gelten für Spätentwickler, d. h. 90 % der Kinder erfüllen diese Aufgaben.« (31). Die möglichen Ursachen dafür sieht *Kiphard* in einer Hirnschädigung, in einer »Fehlerziehung in Form von Vernachlässigung oder Verwöhnung«, »wodurch die hirnorganisch bedingte Entwicklungshemmung eine Verstärkung erfährt. Die Hauptursache kann aber auch in einer schweren sozialen Behinderung liegen.« (*Kiphard* 31, S. 92).

Das sensomotorische Entwicklungsgitter von Kiphard reicht nur bis zu 4 Jahren. Dennoch kann es auch Aufschlüsse über den Entwicklungsstand dieses 8;9 Jahre alten Kindes geben.

Um einen Entwicklungsquotienten in den einzelnen Teilbereichen zu erhalten, wurde das Gitter rechnerisch bis zu Andreas' heutigem Lebensalter ausgeweitet. Auch die Berechnung eines Durchschnittswertes für Entwicklungsalter und Entwicklungsquotient wurde so möglich. Es geht aber nicht darum, hier durch rechnerische Finessen eine nicht vorhandene Genauigkeit vorzuspiegeln, sondern lediglich darum, eine ungefähre Information über Entwicklungsstand und Entwicklungsrichtung zu erhalten.

Die Ergebnisse der Einstufungen verdeutlichen das Ausmaß der Entwicklungsstörung und -verzögerung bei Andreas. Die Differenz zur unteren Grenze der Normalentwicklung beträgt zwischen 5 und 7 Jahre. Der Verlauf der Entwicklung in den letzten drei Jahren ließe bei Rückverfolgung der Linien einen Entwicklungsbeginn zwischen dem 4. und 5. Lebensjahr vermuten (angedeutet durch Hilfslinie 1 in Abb. 16), wodurch das Ausmaß der in der Zeit davor versäumten Förderung angedeutet wird. Dabei ist noch zu berücksichtigen, daß durch das Übergehen der für die einzelnen Bereiche gegebenen sensiblen Phasen die eigentlich vorhandenen Entwicklungsmöglichkeiten bei Andreas noch weit besser gewesen sein dürften. In allen Bereichen des Gitters hat Andreas einen absoluten Leistungszuwachs erzielt, und bis auf den Bereich D = Sprache im letzten Jahr hat er auch gegenüber seiner durch Hilfslinie 2 angedeuteten individuellen Entwicklungsrichtung ein Plus erzielt. Das wird durch die graphische Darstellung der Entwicklungsquotienten (Abb. 17) deutlich. Das darf jedoch nicht darüber hinwegtäuschen, daß sich der absolute Abstand zu normalentwickelten Kindern insgesamt weiter vergrößert hat, auch wenn in den Bereichen Körpergeschick, Handgeschick und optische Wahrnehmung im letzten Jahr der *Zuwachs* etwa dem der unteren Grenze der Normalentwickelten entspricht.

Weniger groß ist der Anstieg des Entwicklungsalters im Bereich der akustischen Wahrnehmung, und im Bereich Sprache ist trotz eines kleinen Zuwachses ein Abfallen des Entwicklungsquotienten zu beobachten.

Das durchschnittliche Entwicklungsalter ist im Zeitraum von 5;9 bis 8;9 um 1;11 Jahre auf 2;6 Jahre gestiegen, was immerhin einem jährlichen Zuwachs von durchschnittlich 7 2/3 Monaten entspricht gegenüber durchschnittlich 1 1/5 Monaten in den knapp sechs Jahren davor.

Prognosen über die weitere Entwicklung erscheinen gewagt. Wahrscheinlich werden die Zuwachsraten nicht auf dem augenblicklichen Niveau gehalten werden können, doch scheint eine weitere positive Entwicklung möglich.

	A. OPTISCHE WAHRNEHMUNG	B. HANDGESCHICK
4 Jahre **(48 Mon.)**	48. Puzzle aus 2 Teilen	48. Schneidet mit Schere
	47. Ordnet Detail zum Ganzen	47. Knöpft auf und zu*
	46. Erkennt Junge und Mädchen	46. Linie zwischen 2 Punkten
	45. Findet 3 versteckte Dinge	45. Knetet Kugel und Schlange
	44. Ordnet Menge 2 optisch zu	44. Schraubt, dreht Schlüssel
	43. Sortiert Autos und Tiere	43. Wäscht und trocknet Hände*
3½ Jahre **(42 Mon.)**	42. Orientiert sich draußen	42. Hält Stift mit Fingern
	41. Setzt 5 Formen ein	41. Zeichnet Kreis ab*
	40. Räumt 5 Hohlwürfel ein	40. Baut Turm aus 8 Würfeln*
	39. Sortiert 5 P.Lottobilder	39. Wickelt Bonbon aus
	38. Sortiert 3 Längen	38. Öffnet Zündholzschachtel
	37. Sortiert Grundfarben	37. Zieht Kleidung an*
3 Jahre **(36 Mon.)**	36. Unterscheidet 1 und viel	36. Malt Rundformen
	35. Erkennt Tätigkeit im Bild	35. Gießt von Becher zu Becher
	34. Erkennt Orte wieder	34. Faltet Papier*
	33. Findet 2 versteckte Dinge	33. Holt Bonbon mit Rechen
	32. Sortiert Tee- und Eßlöffel	32. Reiht Perlen auf Draht*
	31. Kennt seine Kleidung	31. Steckt Kette ins Rohr
2½ Jahre **(30 Mon.)**	30. Sortiert 2 P.Lottobilder	30. Baut Turm aus 4 Würfeln*
	29. Sortiert Löffel u. Gabeln	29. Ißt allein mit Löffel*
	28. Kennt Nachbarn und Besuch	28. Wirft Ball überkopf zu*
	27. Ordnet 2 Formen zu	27. Kippt Perle aus Flasche*
	26. Ordnet 2 Farben zu	26. Steckt Stock ins Rohr
	25. Ordnet 2 Größen zu	25. Blättert Buchseiten um*
2 Jahre **(24 Mon.)**	24. Ordnet 2 Dinge zum Bild	24. Zieht Kleidung aus*
	23. Zeigt Körperteil an Puppe	23. Kritzelt auf Papier*
	22. Findet ausgetauschte Dose	22. Tut Rosine in Flasche
	21. Sieht bei Turmbau zu	21. Öffnet Reißverschluß
	20. Schüttelt Kopf als Nein	20. Baut Turm aus 2 Würfeln*
	19. Ordnet Ding zum Ding	19. Steckt Scheiben auf Stab
1½ Jahre **(18 Mon.)**	18. Erkennt Person von weit	18. Packt Eingewickeltes aus
	17. Besieht gern Bilderbuch	17. Trinkt allein aus Tasse*
	16. Betrachtet sich im Spiegel	16. Wirft Dinge weg
	15. Sieht rollendem Ball nach	15. Zeigt mit Zeigefinger
	14. Kennt Eltern und Geschwister	14. Räumt Dinge aus und ein
	13. Bevorzugt ein Spielzeug	13. Schlägt Dinge aneinander*
1 Jahr **(12 Mon.)**	12. Findet verdecktes Ding	12. Daumen-Zeigefinger-Griff*
	⊠ 11. Erkennt sein Fläschchen*	⊠ 11. Schüttelt Gegenstand
	⊠ 10. Beobachtet seine Hände	10. Befühlt, untersucht Dinge*
	⊠ 9. Betatscht Spiegelbild*	9. Gibt Ding von Hand zu Hand*
	8. Sieht Hingefallenem nach*	8. Nimmt 2 Dinge vom Tisch*
	╱ 7. Verfolgt gehende Person	⊠ 7. Greift und läßt los
½ Jahr **(6 Mon.)**	⊠ 6. Richtet Augen parallel	6. Steckt Dinge in den Mund
	5. Sieht Rosine auf Tisch*	╱ 5. Langt in Richtung Objekt*
	⊠ 4. Betrachtet Ding in Hand*	╱ 4. Spielt mit den Händchen*
	3. Sieht Wegbewegtem nach	3. Zupft an seiner Kleidung
	⊠ 2. Blickt ins Gesicht*	⊠ 2. Armbeuge- u. Streckbewegung
	⊠ 1. Folgt bewegtem Objekt*	⊠ 1. Schließt Hand um Objekt
	7 **Summe der Wertungen**	**5** **Summe der Wertungen**

Abb. 15: Entwicklungsgitter von Kiphard: Einstufungsbeispiel (Andreas mit 5;9 Jahren).

72

	C. KÖRPERKONTROLLE		D. SPRACHE	
	48. Frei treppab, Fußwechsel		48. Nennt 2 Gegensätze*	**4 Jahre**
	47. Schlußsprung von Couch		47. Fragt: wer, wo, wann, warum	**(48 Mon.)**
	46. 5 fortlauf. Schlußsprünge		46. Gebraucht Nebensätze	
	45. 1 Hüpfer auf einem Bein*		45. Wiederholt Kurzgeschichte	
	44. Je Bein 2 Sek. balancieren		44. Erklärt was es spielt	
	43. Geht mit Armschwung		43. Laute: ch/ch, ng, nt, schp, fr	
	42. Frei treppauf, Fußwechsel		42. Verwendet Vergangenheit	**3½ Jahre**
	41. Springt 20 cm weit, 5 cm hoch*		41. Berichtet spontan Erlebnis	**(42 Mon.)**
	40. Geht 3 m-Streifen entlang		40. Nennt 5 Tiere	
	39. Trägt Wasserglas 3 m weit		39. Benennt Tätigkeit im Bild	
	38. Kickt Ballon aus der Luft		38. Verwendet Mehrzahl*	
	37. Fährt Dreirad, Gocart*		37. Sagt: ich, du, mein, dein	
	36. Beidbeinsprung von Treppe		36. Laute: r, s, sch, x, z	**3 Jahre**
	35. Anlaufsprung über Strich		35. Spricht mit Puppe, Teddy	**(36 Mon.)**
	34. Rennt 15 m ohne Hinfallen		34. Spricht Dreiwortsatz	
	33. Fußschlußstand, Augen zu		33. Fragt: was'n das?	
	32. Frei treppab, nachgesetzt		32. Wiederholt Viersilbensatz	
	31. Geht 3 m auf Zehenballen		31. Sagt: noch, wieder, viel	
	30. Beidbeinsprung am Boden		30. Verwendet der, die, das	**2½ Jahre**
	29. Geht balancesicher		29. Spricht Zweiwortsatz*	**(30 Mon.)**
	28. Ersteigt 3 Leitersprossen		28. Benennt 2 Eigenschaften	
	27. Treppab mit Geländer		27. Sagt: da, weg, bitte, danke	
	26. Frei treppauf, nachgesetzt		26. Nennt sich beim Vornamen	
	25. Spielt in Kauerstellung		25. Verwendet 10 Worte	
	24. Fußballstoß ohne Umfallen*		24. Benennt 2 Tätigkeiten	**2 Jahre**
	23. Ersteigt Stuhl, faßt Lehne		23. Benennt 4 Dinge	**(24 Mon.)**
	22. Treppauf mit Geländer*		22. Benennt 3 Personen	
	21. Geht rückwärts*		21. Verwendet 5 Worte*	
	20. Rennt 5 m ohne Hinfallen		20. Laute: n, l, d, t, w, f	
	19. Hebt gehockt Dinge auf		19. Einwortsatz als Wunsch	
	18. Treppenkrabbeln auf Bauch		18. Ahmt 2 Worte nach	**1½ Jahre**
	17. Steht ohne Hilfe auf		17. Ahmt 2 Tierlaute nach	**(18 Mon.)**
	16. Hebt im Bücken Dinge auf*		16. Sagt 2 sinnvolle Worte	
✗	15. Steht allein, geht allein*		15. Laute: a, o, u, m, b, p	
✗	14. Schiebt Kinderwagen		14. Laute als Wunschäußerung	
✗	13. Geht mit Halt an Möbeln		13. Kaut mühelos feste Nahrung	
✗	12. Kniet aufrecht / Krabbelt allein		12. Lallt 4 verschied. Silben	**1 Jahr**
✗	11. Sitzt gut im Stuhl / Setzt sich allein auf		11. Ahmt Laute nach*	**(12 Mon.)**
✗	10. Steht an Möbeln* / Zieht sich zum Stand*	✗	10. Äußert Stimmungslaute*	
✗	9. Sitzt länger allein* / Robbt auf Bauch		9. Spuckt mit Zungenspitze	
✗	8. Vierfüßlerstand / Rollt in Bauchlage	✗	8. Trinkt von gehaltener Tasse	
✓	7. Beine tragen Körper* / Tänzelt auf Schoß		7. Leckt Breilöffel gut ab	
✓	6. Hebt Kopf in Rückenl. / Zieht sich zum Sitz		6. Antwortet durch Laute	**½ Jahr**
✓	5. Handstütz in Bauchl.* / Rollt auf Rücken		5. Schließt Mund, schluckt Spucke	**(6 Mon.)**
✓	4. Im Sitz Rücken gerade* / Schwimmbeweg. in Bauchl.		4. Kichert, lacht, quietscht*	
✓	3. Unterarmstütz in Bauchl.* / Aktiv beim Baden*		3. Laute: cha, grr, öh, eku, erre*	
✓	2. Kopfkontrolle auf Arm / Gleichseit. Strampeln	✗	2. Andere Laute als Weinen*	
✓	1. Kopfheben in Bauchl.* / Fußstöße gegen Druck	✗	1. Saugt, schluckt, weint	
14/5	Summe der Wertungen	**4**	Summe der Wertungen	

E. AKUSTISCHE WAHRNEHMUNG

	48. Zeigt alles was fliegt	**4 Jahre**
	47. Versteht: müde, hungrig*	**(48 Mon.)**
	46. Legt etwas auf, unter*	
	45. Versteht: morgens, abends	
	44. Befolgt: gib mir zwei	
	43. Kennt Daumen, Zeigefinger	
	42. Hört Vokal „a" heraus	**3½ Jahre**
	41. Hört Geschichte gespannt zu	**(42 Mon.)**
	40. Zeigt eckig und rund	
	39. Zeigt auf rote Farbe	
	38. Zeigt re./li. (auch falsch)	
	37. Zeigt größer und kleiner	
	36. Befolgt: gib mir eins/viele	**3 Jahre**
	35. Hört zwei Schläge heraus	**(36 Mon.)**
	34. Zeigt Tätigkeit im Bild	
	33. Zeigt 6 benannte Körperteile	
	32. Befolgt Doppelauftrag*	
	31. Versteht doppelte Ortsangabe	
	30. Befolgt: Leg Puppe heia!	**2½ Jahre**
	29. Befolgt: Gib mir noch eins	**(30 Mon.)**
	28. Versteht: wiedersehn, tschüs	
	27. Zeigt 4 benannte Personen	
	26. Zeigt 8 benannte Dinge	
	25. Kennt 20 Wortbedeutungen	
	24. Versteht: ata, teita (ausfahren)	**2 Jahre**
	23. Versteht: eia und heia	**(24 Mon.)**
	22. Versteht: Möchtest du . . .?	
	21. Zeigt benannten Körperteil*	
	20. Zeigt 4 benannte Dinge	
	19. Zeigt 2 benannte Personen	
	18. Reagiert auf seinen Namen	**1½ Jahre**
	17. Versteht: Mund auf	**(18 Mon.)**
	16. Macht auf Geheiß „bitte"	
	15. Befolgt: Komm her zu mir	
	14. Mundbewegung bei „ham", „happa"	
	13. Blickt zur genannten Person	
X	12. Versteht eine Wortbedeutung	**1 Jahr**
X	11. Dreht Kopf direkt zum Ton	**(12 Mon.)**
X	10. Reagiert auf Schimpfen	
	9. Dreht Kopf beim Flüstern	
	8. Lauscht bei Schritten	
	7. Stoppt Weinen auf Zuspruch	
	6. Sucht Ton durch Kopfwenden*	**½ Jahr**
X	5. Lauscht bei Gesang, Musik	**(6 Mon.)**
	4. Sieht Sprechenden an	
	3. Hält bei leisem Ton inne*	
	2. Geräuschreaktion im Schlaf	
	1. Erschrickt bei lautem Geräusch	
4	**Summe der Wertungen**	

74

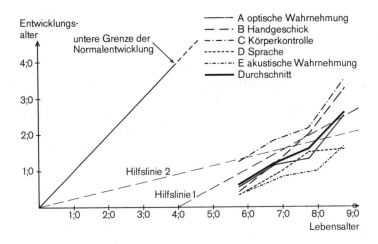

Abb. 16: Anstieg des Entwicklungsalters in den Teilbereichen des sensomotorischen Entwicklungsgitters nach Kiphard.

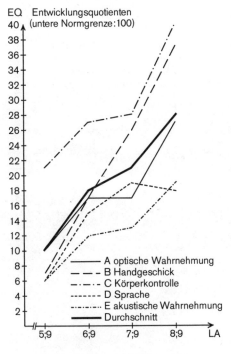

Abb. 17: Entwicklungsquotienten

Körperliche Entwicklung

Wachstum

Bei der Erarbeitung dieses Punktes stellte sich heraus, daß die vorliegenden bzw. rekonstruierbaren Daten äußerst lückenhaft sind (Siehe Abb. 18).

Danach liegt Andreas im Größenwachstum an der unteren Grenze aller Kinder seines Alters, wobei allerdings in letzter Zeit eine gewisse Beschleunigung des Wachstums einzutreten scheint. Die Relation von Körpergewicht und Körpergröße zeigt, daß Andreas trotz unserer Diätmaßnahmen und viel Bewegung ein deutliches Übergewicht hat.

Als Hilfsgrößen für die letzten drei Jahre wurden auch noch Konfektions- und Schuhgrößen herangezogen.

Zwei Phasen schnelleren Wachstums heben sich deutlich ab:

1. Die Phase der Entwicklung erster Aktivitäten im Zusammenhang mit den Besuchen bei der *Mutter* (5;9) und
2. eine Beschleunigung im Alter von 8;6.

Tabelle zum Wachstum

Alter	Größe (cm)	Körpergewicht (kg)	Hilfsgrößen: Konfektionsgröße	Schuhgröße
Geburt	51	3	–	–
2;3	88	11	–	–
5;6	–	–	98	21/23/24*
5;7	–	–	104	–
5;8	–	–	116	–
6;6	110	16	–	–
8;0	118	–	–	30
8;3	124	29	–	–
8;6	126	–	134	32
8;7	–	–	140	–
8;9	–	–	–	33
9;3	127	30		
10;3	140	34	146	34

*) siehe Text S. 78

Abb. 18: Tabelle zum Wachstum

Entwicklung motorischer Fähigkeiten

Angaben, die sich in den verschiedenen Berichten über die motorische Entwicklung bei Andreas finden:

Geburt: Moro-, Such- und Saugreflex vorhanden (Bericht des Krankenhauses, Anlage 2).

1;0: »Mit 1 Jahr hebt er noch nicht den Kopf.« (Entwicklungsbericht, Anlage 4).

1;6: »Es (Anm.: das Kind) setzt sich noch nicht allein auf, liegt den ganzen Tag im Bett, spielt nicht . . .« (Aktennotiz Amtsvormund, Anlage 5).

2;0: »Nach telefonischer Auskunft des Heimleiters vom Kinderheim kann Andreas inzwischen einigermaßen frei sitzen, fällt aber noch oft nach vorn. Tagsüber setzt man ihn jetzt in ein Laufställchen.« (Aktennotiz Amtsvormund, Anlage 5).

2;1: Er stellt sich auf, d.h. er zieht sich am Ställchen hoch und steht für kurze Zeit. (Nach dem Entwicklungsbericht, Anlage 4) »Er kann noch nicht sicher nach Gegenständen greifen; werden ihm diese in die Hand gegen, hält er sie fest.« (Entwicklungsbericht, Anlage 4).

2;2: »Andreas sitzt allein, hält den Kopf aufrecht, zieht sich am Gitterbett hoch; macht Gehversuche, wenn man ihn an den Händen führt; greift nach vorgehaltenen Gegenständen.« (Aktennotiz Amtsvormund, Anlage 5).

2;9: »Andreas steht jetzt fest auf den Beinen, läuft aber noch nicht frei. Von sich aus unternimmt er keine Gehversuche, er muß dazu angeleitet werden, wogegen er oft lauthals protestiert. Sitzt jetzt viel im Laufstuhl, bewegt sich darin aber nur ungern und wenig, ist bequem . . .« (Aktennotiz Amtsvormund, Anlage 5).

3;6: »Kann noch nicht allein gehen . . . In seinem Bettchen kann er sich schnell und geschickt aufstellen, indem er sich am Bettgitter hochzieht und festhält.« (Aktennotiz Amtsvormund, Anlage 5).

4;9: »Andreas hat inzwischen frei laufen gelernt, er trollt ganz geschwind durch die Räume . . .; räumt Spielzeugkisten gern ein und aus; läuft dem Pflegepersonal gern davon.« (Aktennotiz Amtsvormund, Anlage 5).

Diese letzten Beobachtungen müssen angezweifelt werden. Sie decken sich nicht mit dem Entwicklungsstand, in dem die *Mutter* Andreas im Alter von 5;4 kennenlernte. Möglicherweise ist damit das Laufen im Laufwagen gemeint. Unklar ist auch, woher Andreas Spielzeugkisten haben konnte, um sie ein- und auszuräumen.

Die hier zusammengetragenen Formulierungen machen trotz der darin enthaltenen Unstimmigkeiten und Widersprüche und trotz ihrer Lückenhaftigkeit doch das Maß des Entwicklungsrückstandes im motorischen Bereich deutlich, wobei zweifellos ein wesentlicher Teil davon durch den Mangel an Bewegungsmöglichkeiten und entsprechenden Stimulationen verursacht ist. Nach den vorliegenden Informationen hat Andreas das Kriechen und Krabbeln übersprungen und ist gleich zum Gehen veranlaßt worden.

Laufen

Als die *Mutter* Andreas mit 5;6 kennenlernte, konnte er *nicht* frei laufen, sondern lag meistens auf dem Boden. Wurde er auf die Füße gestellt, ging er sofort wieder in die Hockstellung. Bei den ersten Besuchen lief Andreas mit 5;9 Jahren allein nur an Möbelstücken entlang. Beim Laufen im Freien brauchte er grundsätzlich die Hand.

Mit großer Wahrscheinlichkeit ist die Entwicklung seines Laufens noch durch einen weiteren Umstand gehemmt worden: Andreas trug bei diesen ersten Besuchen Schuhe der Größe 21, außerdem Einlagen. Diese Einlagen waren nach dem darauf vermerkten Anfertigungsdatum zwei Jahre alt. Als die *Mutter* für ihn neue Hausschuhe und Schuhe kaufte, paßten solche der Größe 23 gerade richtig. Der Orthopäde, den sie daraufhin mit Andreas aufsuchte, bestätigte, daß die Einlagen viel zu klein waren, und verschrieb ihm neue. Wegen dieser Einlagen mußten schließlich Schuhe der Größe 24 gekauft werden. Im Heim glaubte man der *Mutter* dies jedoch nicht, so daß Andreas dort während der Woche die alten Einlagen und die Schuhe der Größe 21 weiter tragen mußte. Am Wochenende bekam er dann die richtigen Einlagen und Schuhe an.

Das Laufen an der Hand verbesserte sich durch regelmäßige Übung deutlich. Dennoch lief Andreas noch immer nicht allein und bewältigte eine Strecke von 400 m auch an der Hand nicht ohne Pause. Erst mit 6;0 lernte er frei laufen, wenn auch noch ungelenk und indem er die Arme steif zum Balancieren wegstreckte. Schließlich konnte er dabei auch Gegenstände festhalten (Abb. 5). Wegen der übersprungenen Phase des Kriechens und Krabbelns spielte die *Mutter* mit ihm in dieser Zeit sehr oft auf allen Vieren »Hund« und krabbelte zusammen mit ihm durch die Wohnung, was sich auf seine motorische und seine allgemeine Entwicklung recht positiv auswirkte.

Das Laufen verbesserte sich aber trotz aller Bemühungen nur langsam weiter. (Hier sei auf den allgemeinen Rückschlag nach dem Sommerurlaub verwiesen).

Noch im Alter von 7;9 (mit 6;6 kam er zur *Mutter!*) schaffte Andreas nur mit viel Mühe Strecken von etwa 1 km, wobei er noch viel an der Hand geführt werden wollte, häufig Pausen brauchte, sich oft einfach auf den

Boden warf und schaukelte und nur mit allen möglichen Spielchen und Ablenkungen zum Weiterlaufen zu bewegen war. Nahezu unmöglich war es, ihn voranzubringen, wenn er nicht einen Zweig in die Hand bekam. Er lief nicht über Unebenheiten hinweg, bewältigte selbst kleine Hindernisse und Steigungen nicht und schaffte es auch nicht, durch Gras oder gar halbhohes Getreide zu laufen, wenn der Wasserball, mit dem er häufig zum Laufen motiviert wurde, dorthin geflogen war.

Die Angst vor höherem Gras wurde noch durch ein weiteres Erlebnis verstärkt. Andreas war mit 7;10 trotz deutlicher Warnungen mit nackten Oberschenkeln durch einen Strauch Brennesseln marschiert. Möglicherweise war er noch unfähig, Gras und Brennesseln zu unterscheiden, und fürchtete in höherem Gras ähnlich schmerzhafte Erfahrungen.

Im letzten Jahr aber (7;10 – 8;9) machte er sehr große Fortschritte. Heute sind selbst mehrstündige Spaziergänge und Wanderungen in deutlich gesteigertem Tempo möglich geworden. Die früher weit eingedrückten Knie werden kräftiger durchgedrückt, der Gang ist elastischer geworden, die Arme werden im Kreuzmuster bewegt und nicht mehr zum Balancieren benutzt. Andreas läuft heute querfeldein, er sucht sich seine Wege selbst und scheut nicht vor dichtem Gebüsch, hohem Gras, Baumstämmen, Ästen und Sturzäckern zurück. Er klettert auch durch Gräben, erklimmt Hänge und kommt sie auch wieder herunter, notfalls auf dem Po rutschend. Auch über Holzstapel klettert er freiwillig.

Zwar fordert Andreas auch jetzt noch manchmal von uns das Abbrechen eines Zweiges an, er gibt sich aber recht bald mit dem jetzt stets ablehnenden Bescheid zufrieden, versucht auch selbst einen abzubrechen (was geduldet wird), meistens aber sucht er sich einen schon abgebrochenen Zweig, den er aber bald wegwirft oder gegen einen anderen austauscht; er ist aber zunehmend auch mit selbstgesuchten Stöcken zufrieden, die er manchmal spazierstockähnlich benutzt.

Er zeigt kaum noch Ermüdung und will nur noch selten an die Hand.

Balancieren

Mit dem Balancieren hat Andreas noch Schwierigkeiten, dennoch sind Verbesserungen zu beobachten.

Noch mit 8;6 hatte er, wie auf Abb. 19 deutlich erkennbar, Schwierigkeiten mit dem Laufen auf dieser gut 40 cm breiten Mauer. Ängstlich balanciert er mit den Armen, das Gesicht ist angespannt.

Inzwischen gelingt ihm das Balancieren auf wesentlich schmaleren Mauern ohne Hilfe. Er fängt an, auf dicken Baumstämmen allein entlangzulaufen, womit er wegen der Rundung aber noch Schwierigkeiten hat. Er weiß aber jetzt, daß er die Füße möglichst hintereinander aufsetzen muß.

Abb. 19: (8;6).
Balancieren
auf der
Mauer.

Andreas schafft es nun auch, kurze Zeit auf einem Bein zu stehen, und schwingt im Laufen oder Stehen oft ein Bein im Spiel hoch, ohne das Gleichgewicht zu verlieren. Monopedales Hüpfen gelingt mit beiden Beinen, jedoch schaffte er es mit 8;8 noch nicht, über ein 5 cm hohes Hindernis hinwegzukommen. Noch mit 8;6 konnte er selbst aus geringen Höhen nicht im Schlußsprung herabhüpfen, sondern machte einen Schritt. Inzwischen (seit seinem Alter von 8;7) springt er im Schlußsprung aus ca. 30 cm Höhe ohne Hilfe selbst über einen vorgehaltenen Stab hinweg. Er springt auch im Schlußsprung über am Boden liegende Tücher (usw.). Im gleichen Alter erlernte er das seitliche Hüpfen mit beiden Beinen.

Rennen

Eine ebenso sichtbare Verbesserung hat sich von 8;6 bis 8;8 beim Rennen ergeben. Andreas konnte vorher nur etwa 20 Schritte nacheinander im Laufschritt tun, wobei es sich strenggenommen eigentlich mehr um ein beschleunigtes Gehen handelte. Er schlenkerte dabei wild mit den ausgestreckten Armen herum. Durch häufiges Üben ist eine wesentliche Verbesserung des Bewegungsablaufes erfolgt. Die Beine werden besser angehoben, die Phasen, in denen beide Beine auf dem Boden sind, erscheinen verkürzt, das Schlenkern der gestreckten Arme erfolgt im Kreuzmuster und geht gelegentlich schon in ein Anwinkeln über. Die Ausdauer ist wesentlich gestiegen. Andreas läuft ohne Halt schon bis zu 100 m. Noch auffallender aber ist, daß er wirklich Freude an dieser neuen Bewegungsart zu haben scheint. Er beginnt oft ohne Aufforderung zu rennen und wählt diese Bewegungsart häufig auch, wenn er gerufen wird.

Treppensteigen

Das Treppensteigen beherrscht Andreas schon geraume Zeit. Das Herabsteigen erfolgte aber bis 8;5 in recht langsamem Tempo und nicht im Wechselschritt. Er erlernte es dann durch gezieltes Üben innerhalb weniger Tage, braucht aber noch weitgehend den Halt des Geländers. Nur kleine Treppen von 3, 4 Stufen bewältigt er schon ohne Halt.

Andreas trägt auf der Treppe seine Schultasche und manchmal auch eine Einkaufstüte. Das Tempo nimmt allmählich zu.

Fahren mit Kinderfahrzeugen

Andreas fährt inzwischen sehr gern mit Dreirädern, Kett-Cars und Kinderfahrrädern mit Stützrädern umher. Das Treten erlernte er erst mit etwa 9;0 Jahren. Vorher schob er sich am Boden vorwärts. Das Lenken gelingt ihm recht gut, auch mit Lenkrädern, und auch die Klingel kann er betätigen.

Klettern

Das Klettern an Klettergerüsten und auf anderen Hindernissen ist wegen der dabei geforderten Hand- und Beingeschicklichkeit, der Koordination dieser Bewegungen durch das Auge und die dabei insgesamt geforderte Körpergeschicklichkeit und Kraft für ihn kein einfacher Vorgang. Andreas beherrscht es inzwischen recht gut, wenn auch längst nicht altersentsprechend.

Bereits mit 7;0 Jahren hatte er in sein Zimmer eine Strickleiter bekommen, an der er das Klettern, Schaukeln und – nach einigen recht schmerzhaften Erfahrungen – vor allem das sichere und dauerhafte Festhalten mit den Händen erlernte. Heute kann er frei an den Händen hängen. Kürzlich fuhr er auf einem Kinderspielplatz mindestens 20 x mit einer langen Seilbahn.

Schon seit geraumer Zeit klettert Andreas allein auf die Rutschbahn, er bewältigt jedes Klettergerüst, klettert auf alle möglichen Spielgeräte, auf Holzstapel und Hochsitze im Wald. Kann er sich nicht richtig festhalten, schiebt er sich mit dem Oberkörper auf die zu erklimmende Plattform und steht erst auf, wenn er ganz hinaufgekrochen ist.

Schaukeln

Wie erwähnt, schaukelte Andreas anfangs nur durch Abstoßen vom Boden. Durch Imitation anderer Kinder erlernte er es mit 8;3 richtig. In seinem Zimmer hat er jetzt anstelle der Strickleiter eine Schaukel, die er gern benutzt. Das Schaukeln beherrscht er nun perfekt. Das Aufsteigen allerdings erfolgt noch regelmäßig über das Brett.

Werfen und Kicken

Im Werfen ist Andreas nun recht geübt. Nachdem er es bis 8;0 nur beidhändig tat, wirft er jetzt einhändig Bälle unterschiedlicher Größe und verschiedenen Gewichts über mehrere Meter und kann auch gezielt treffen. Der beim Zielwerfen mit Autos und Bauklötzen entstehende Krach ist offenbar eine erwünschte Nebenwirkung.

Andreas spielt auch recht geschickt Fußball. Mit kräftigen und gezielten Tritten kann er Bälle über große Strecken schießen. Neuerdings kann er den Ball sehr gut durch schräges Aufprellen einem Mitspieler zuspielen.

Feinmotorik

Die Feinmotorik ist noch immer unbefriedigend. Andreas konnte, vielleicht auch im Zusammenhang mit dem früher weitgehend fehlenden Tastempfinden, bis zum Alter von 8;0 keine Banane, kein Stück Kuchen und kein Brot in den Händen halten, ohne sie gleich völlig unkontrolliert zu zerdrücken. Er konnte auch nicht zart zufassen. Versuche dazu mißlangen ihm zu einem heftigen Kneifen. Die Meerschweinchen, die er bis 7;10 besaß, litten darunter erheblich, und eins überlebte es nicht.

Es war für Andreas auch unmöglich, kleinere Gegenstände (z.B. Bonbons) aufzuheben, geschweige denn, sie auszuwickeln, oder geöffnete Bananen fertig zu schälen. Der Pinzettengriff fehlte völlig. Es war Zufall, wenn er beim Zugreifen den Gegenstand dabei in die Hand bekam. Fiel ihm etwas ins Gras, versuchte er zwar, es aufzuheben, hatte in der Hand aber stets nur ein Büschel Gras.

Im Verlauf des letzten Jahres hat er allmählich gelernt, vorsichtiger zuzufassen. Er zerquetscht Brot, Bananen usw. nicht mehr und kann Gegenstände bis zur Größe eines Reiskorns sicher ergreifen. Er beherrscht den Pinzettengriff und wendet ihn auch meistens an. Bananen kann er nun allein schälen.

Becher und Gläser faßt er beim Trinken sicher mit einer Hand an, auch wenn er den ganz korrekten Griff am Becherhenkel noch gern vermeidet, obwohl er ihn beherrscht.

Andreas trägt sicher Geschirr in den Abwasch und hält Teller dabei so, daß er nicht die Krümel auf den Boden streut. Auch gefüllte Gläser lernt er langsam ohne Vergießen zu transportieren. Sein Besteck hält er sicher, aber oft unkonventionell und hantiert mit Gabel, Löffel und Teelöffel recht geschickt. Kürzlich machte er auch erste Schneidversuche mit dem Messer. Spielzeug und feste Gegenstände aller Art hält er, wenn er will, sicher fest, auch mehrere Gegenstände gleichzeitig. Schwierigkeiten hat er noch immer mit Stoffen. Es gelingt ihm z.B. noch immer schlecht, die Öffnung eines zusammengelegten Unterhemdes durch das Ergreifen von nur einer Seite zu öffnen. Selbst in größere Aufhänger kommt er nur schwer mit den Fingern hinein, und ebenso schwer fällt es ihm auch, diese Sachen dann auf den Haken zu hängen. Auch hier ist jedoch – wie in vielen anderen Bereichen – die Motivation ein sehr wichtiger Faktor.

Die Bandbreite seines Könnens und die Schnelligkeit und Zielgerichtetheit der Ausführung sind stark davon abhängig, ob er daran interessiert ist, das Geforderte zu leisten.

Wer das nicht weiß und sein wirkliches Leistungsvermögen nicht kennt, fällt sehr leicht auf die dann demonstrierte Hilflosigkeit herein und hilft dem »armen schwachen Behinderten«.

Wobei, ehrlicherweise, gesagt werden muß, daß es auch uns manchmal sehr schwer fällt, nicht einzugreifen, besonders wenn es eilt.

Dominanz

(Im Bereich der Motorik wird darunter die Bevorzugung einer Körperseite verstanden, die mit einer entsprechenden Spezialisierung einer Großhirnhälfte – wegen der gekreuzten Nervenbahnen: der gegenüberliegenden – einhergeht. Zwischen der Entwicklung einer einheitlichen Dominanz, guter motorischer Entwicklung und der Sprachentwicklung werden enge Zusammenhänge gesehen.)

Die Frage der Dominanz ist bei Andreas noch nicht eindeutig geklärt. Andreas malt, kickt, wirft links. Beim Herabsteigen von erhöhten Gegenständen benutzt er beide Beine im Wechsel. Welches Auge er bevorzugt, ist noch unklar, ebenso die Frage des bevorzugten Ohrs.

Das Essen mit der rechten Hand kann Gewöhnung sein, da es ihm die *Mutter* so beibrachte, als noch keine Anzeichen für die Dominanz einer Seite erkennbar waren.

Saugen

Bis zum Alter von 6;0 trank Andreas nur aus der Flasche, die im Sauger ein großes Loch haben mußte, so daß die Flüssigkeit von selbst herauslief. Als die *Mutter* beim ersten Besuch von Andreas einen Sauger mit kleinem Loch verwendete, konnte er nicht trinken.

Er beherrscht das Saugen auch heute noch nicht und kann deshalb nicht mit einem Strohhalm trinken, obwohl wir es ihm schon mit mancherlei Übungen beizubringen versucht haben.

Seine motorischen Leistungen liegen trotz aller Fortschritte aber immer noch so niedrig, daß sie sich mit dem Körperkoordinationstest für Kinder (KTK) nicht erfassen ließen. Er erreichte hier nur beim monopedalen Hüpfen eine meßbare Leistung.

Sinnesfunktionen

Eine Tatsache, die bei der ersten Durchsicht der Unterlagen über Andreas während seiner Heimzeit überhaupt nicht auffällt, ist das Fehlen jeglicher Angaben über die Funktion seiner Sinnesorgane. Es konnte auch sonst nichts in Erfahrung gebracht werden, was auf eine Überprüfung hinwies.

Das ist vor allem deshalb überraschend, weil Andreas im Heim zumindest zeitweise als taub angesehen wurde, weshalb die ihn betreuende Lehrerin ihm Handzeichen der Taubstummensprache zur Verständigung beibrachte. Allgemein läßt sich sagen, daß Andreas im Bereich der Sinnesfunktionen ein deutliches Defizit aufweist. Der Zusammenhang der Entwicklung der Wahrnehmung mit der motivational-affektiven Gesamtentwicklung läßt es wahrscheinlich sein, daß es neben inzwischen festgestellten Mängeln der Perzeption vor allem eine zentrale Wahrnehmungsstörung ist, die ihn behindert.

Unklar ist, ob die Versuche, die fehlende bzw. unzureichende emotionale Entwicklung wenigstens zu einem kleinen Teil nachzuholen, auch in diesem Bereich noch Auswirkungen haben können. Immerhin konnten wir in einigen Bereichen eine deutliche Verbesserung der Sinnesfunktionen beobachten. War es die Übung, das Anbieten starker und stärkster Reize in häufiger Wiederholung oder die damit verbundene Zuwendung, oder wirken diese Faktoren zusammen?

Was in der Überschrift »Sinnesfunktionen« genannt ist, deckt sich nicht mit den klassischen 5 Sinnen, umfaßt aber auch nicht die detaillierte Einteilung in 13 Sinnesgebiete von Stadler u.a. (56). Das hat seinen Grund u.a. darin, daß uns nicht alle diese Sinnesgebiete durch Beobachtung bzw. Erkennen von Reaktionen zugänglich sind.

Hören

Die Klärung der Frage, in welchem Umfang Andreas hört, ist noch immer nicht abgeschlossen, obwohl inzwischen schon einige Versuche dazu unternommen wurden.

Wie schon erwähnt, galt Andreas zeitweise als taub. Die Beobachtungen der *Mutter* hätten diese Annahme zumindest anfangs bestätigen können:

Sie hatte ihn, als sie ihn nicht mehr nur stundenweise, sondern für das gesamte Wochenende mitnehmen konnte, häufig aus der Schule für Praktisch Bildbare abgeholt. Wenn Andreas dann mit dem Rücken zu ihr saß, sie somit nicht sah und auch nicht von anderen Kindern auf sie aufmerksam gemacht wurde, konnte sie unmittelbar hinter ihm stehen und mit lauter Stimme seinen Namen rufen, ohne daß er reagierte. Er bemerkte sie erst, wenn er sie sehen konnte oder von anderen aufmerksam gemacht wurde. Möglicherweise aber kannte er auch seinen Namen nicht: Auf der Station wurde er nur mit dem Nachnamen benannt, da es 5 Jungen mit dem gleichen Vornamen gab. Auf ein Rufen des Nachnamens (in scharfem Ton) reagierte er aber. Diese und andere Beobachtungen ergaben, daß bei Andreas doch ein gewisses Hörvermögen vorliegen mußte. Der akustische Schreckreflex war ebenfalls vorhanden.

Untersuchungen bei Hals-Nasen-Ohren-Ärzten nach seiner Entlassung verliefen ohne Ergebnis. (Vorher waren der *Mutter* Arztbesuche mit ihm nur schwer möglich, da Andreas nicht krankenversichert war und die Abrechnung per Privatrechnung »nach einfachen Sätzen« mit den Heimen vorgenommen werden mußten.)

Ein Versuch der Untersuchung mittels EEG-Ableitung mit 7;3 blieb ebenfalls ohne klares Ergebnis, doch äußerste man den Verdacht, daß er insgesamt schwer höre, vor allem links. Andererseits sprach man von der Wahrscheinlichkeit einer schweren »Seelentaubheit«. Die Untersuchung etwaiger Veränderungen im Mittelohr wollte man nach Einspritzung eines Kontrastmittels durch eine Röntgenuntersuchung in Vollnarkose vornehmen, wegen des Narkose-Risikos ist dies aber bisher unterblieben. Mit 8;0 erfolgte eine neue Untersuchung. Da Andreas jedoch wieder nicht eindeutig reagierte, brachte uns das auch nicht weiter. Man vermutete hier einen Hörverlust von »50 %«.

Schließlich erfuhr ich von einer neuentwickelten Methode der Hörfähigkeitsuntersuchung durch eine andere Art der EEG-Methode an einer Hals-Nasen-Ohren-Klinik. Bei dieser Methode wird die Ableitung der Potentiale nicht von der Hirnrinde vorgenommen, sondern vom Stammhirn, wodurch eine Reihe von Störfaktoren ausgeschaltet werden kann.

Die auf bestimmte Impulse hin gemessenen Potentiale werden nicht aufgezeichnet, sondern über eine gewisse Zeitdauer bei Wiederholung des gleichen Impulses aufsummiert, und erst von dieser Aufsummierung wird eine graphische Aufzeichnung angefertigt. Bei diesem Verfahren kann eine größere Zahl von Sedierungsmitteln benutzt werden. Ferner ist eine Trennung der Anteile der Hörverluste im Mittelohr und in Innenohr möglich.

Obwohl die Sedierung bei Andreas nicht im erforderlichen Umfang gelang, konnte ein vorläufiges Ergebnis gewonnen werden. Auf dem linken

Ohr wurde eine Hochtoninnenohrschwerhörigkeit vermutet, auf beiden Ohren zusätzlich eine Schalleitungsstörung von etwa 40 dB.

Da bei der anschließenden ärztlichen Untersuchung eine erhebliche Menge verhärtetes Ohrenschmalz an den Trommelfellen festgestellt wurde, erhielt Andreas zunächst ein Medikament, das dieses beseitigen soll.

In einer zweiten gleichartigen Untersuchung sollte dann das Ergebnis abgesichert werden. Bei dieser zweiten Untersuchung mußte ich Andreas wegen eines Defekts an meinem Wagen für die Untersuchungszeit allein in der Klinik lassen.

Obwohl die Sedierung gelang und nach Aussagen der Untersucher somit die Ergebnisse nicht beeinflußt werden konnten, ergaben sich auf beiden Ohren wesentlich schlechtere Werte (Hörverlust 70 dB), was bedeuten würde, daß er von Sprache in normaler Lautstärke nahezu gar nichts wahrnimmt. Ist es denkbar, daß emotionale Faktoren (hier: die Trennung) sich doch so massiv auswirken können?

Unsere Beobachtungen im Alltag stimmen mit der Annahme eines derart massiven Hörverlustes nicht überein, lassen uns aber in der Meinung über den Umfang seines Hörvermögens immer wieder unsicher sein.

Wir haben zur Klärung Andreas, wie wir meinten unbemerkt, vom Rücken her angesprochen, in unterschiedlichster Lautstärke. Er hat sich bei jeder Lautstärke häufig umgedreht, er hat aber ebenso häufig nicht reagiert. Wir haben ihm mit gleichem Ergebnis alle möglichen Geräusche angeboten.

Andreas ißt gern Schokolade. Aber manchmal können wir ihm sagen: »Nimm dir Schokolade!« Er tut es nicht, obwohl er es in anderen Situationen auf Anhieb verstanden hat. Wir haben auch versucht zu klären, inwieweit Andreas auf Mundbewegungen, Gesten und Situationen bzw. allein auf das Sprechen ohne diese Hilfskomponenten reagiert. Dabei haben wir wechselweise

den Mund beim Sprechen verdeckt,
den Mund wie beim Sprechen bewegt, doch ohne etwas zu sagen (ohne Gesten/mit Gesten),
in für Andreas eindeutigen Situationen (z.B. leergegessener Teller bei Andreas, ein für ihn vorbereitetes Brot sichtbar – eindeutig für ihn, da kleingeschnittene Häppchen) völlig anderslautende Aufforderungen in verschiedener Form (s. oben) gegeben,
ohne Sprechen nur durch Gestik aufgefordert
und die Reaktionen durch Strichlisten protokolliert.

Wir stellten dabei fest, daß Andreas zumindest bei einem größeren Teil der Aufforderungen aus dem Verständnis der Situation heraus handelt, aber andererseits auch normale Sprache hören muß.

Die Frage nach dem Umfang seines Sprach*verständnisses*, blieb aber offen. Befolgte er verbale Aufforderungen nicht oder falsch, dann konnte er dies sowohl wegen des fehlenden Hörvermögens wie auch wegen des unvollständigen Sprachverständnisses tun. Andererseits ist nach unseren Beobachtungen ein Sprachverständnis in Ansätzen vorhanden.

In die Frage des Hörvermögens spielen aber noch weitere Faktoren hinein:

Sein Reagieren ist stark abhängig von der Aufmerksamkeitshaltung. Wenn Andreas intensiv mit anderen Dingen beschäftigt ist, braucht er einen wesentlich stärkeren akustischen Reiz, bevor er sich angesprochen fühlt.

Ferner übt Andreas gern die Kunst des Weghörens, wenn er sich in einer Beschäftigung nicht stören lassen will oder eine Aufforderung nicht befolgen möchte.

Und schließlich gibt es Situationen, in denen Andreas den »Vorhang« ganz herunterläßt, in denen er überhaupt nicht erreichbar ist, durch keine Art von Reiz zu einer Reaktion zu veranlassen ist. Das ist z.B. dann der Fall, wenn er eine an ihn gerichtete Anforderung absolut nicht befolgen will, aber, da er z.B. direkt vor uns steht, uns anders als durch dieses Sich-tot-Stellen nicht ausweichen kann. Er steht dann ohne Blickkontakt da, reagiert überhaupt nicht, bewegt sich nicht und bleibt in jeder Haltung, in die wir ihn bringen, wie eine Gliederpuppe stehen.

Hier soll noch von einer Angewohnheit berichtet werden, die möglicherweise aber nicht allein mit dem Hörvermögen zusammenhängt, sondern vielleicht auch mit der Wahrnehmung von Vibrationen:

Andreas legte schon in der Anfangszeit bei der *Mutter* bei Einkäufen in der Musikabteilung seinen Kopf gern auf Lautsprecherboxen.

Er legt sein Ohr auch gern an Radiogeräte und Fernseher, ebenso an die Geschirrspülmaschine und die Waschmaschine, und das selbst bei großer Lautstärke.

Sehen

Nach der Entlassung aus dem Heim ließ die *Mutter* auch sein Sehvermögen überprüfen. Eine solche Prüfung war bis dahin offenbar nicht vorgenommen worden. Andreas trug keine Brille. Hatte man von vornherein darauf verzichtet, weil es doch nicht durchführbar gewesen wäre, ihn zum Tragen der Brille zu veranlassen?

Da eine Prüfung mit einem normalen Sehtest nicht möglich war, erfolgte sie nach vorherigem Austropfen durch Ausmessung. Die bisherigen Untersuchungen ergaben übereinstimmend eine beidäugige starke Kurz-sichtigkeit. Andreas trägt nunmehr seit rund zwei Jahren eine Brille. (Sie hat folgende Werte: links sphärisch + 7,0, rechts + 7,0 mit cyl. – 0,75 A 0 Grad.). Anfangs gab es damit erhebliche Schwierigkeiten, weil er sie ständig abriß und wegwarf. Es kostete viel Mühe, ihn davon abzuhalten.

Im Alter von 6;8 war Andreas mit der *Mutter* auf dem Flohmarkt, wo er einen neuen Spiegel bekommen hatte. Auf dem Rückweg über eine Brücke riß er sich wieder einmal die Brille ab und warf sie in das Wasser. Daraufhin nahm ihm die *Mutter* den eben erworbenen Spiegel weg und warf ihn hinterher. Andreas war darüber deutlich betroffen. In Gegenwart der *Mutter* warf er von da an seine Brille nicht mehr weg. Heute behält er sie auf, holt sie sich oft sogar selbst und setzt sie auf. (Abb. 20)

Beim Abholen aus den Heimen hatte Andreas die *Mutter* nie wahrgenommen, wenn sie in einiger Entfernung stehen bleiben mußte, auch wenn sie deutlich sichtbar in seinem Blickfeld stand. Erst wenn die anderen Kinder sie umringten, bemerkte er sie auch. Beispiel für die soziale Bedingtheit der Wahrnehmung?

In der Anfangszeit nahm Andreas nur große und bunte Gegenstände wahr, außerdem solche Dinge, die ihn interessierten.

Im ersten Jahr bei der *Mutter* verbesserte sich die optische Wahrnehmung nur langsam. Immer wieder übersah er selbst deutlich sichtbare Gegenstände und bemerkte Bekannte, über deren Besuch er sich sehr freute, erst aus kurzer Entfernung.

In kurzgeschnittenes Gras gefallene kleiner Gegenstände fand er nicht wieder. Auf Spaziergängen nahm er Pfützen überhaupt nicht wahr, sondern patschte hinein. Das tut er heute zwar auch noch gern, aber mit gerichteter Aufmerksamkeit und sehr geplant.

Mit 7;9 Jahren bemerkte er zum erstenmal eine Fliege. Bis zum Alter von 8;0 konnte er auch mit Fernsehbildern überhaupt nichts anfangen, selbst wenn Dinge zu sehen waren, die er sehr gut kannte. Er stand meistens unmittelbar mit dem Gesicht am Bildschirm, schaute auch darauf, doch schien er mehr die optische Stimulation durch die rasch wechselnde Helligkeit des Stückchens Bildschirm zu suchen, das er bei dieser Entfernung sehen konnte. Diese Erklärung erscheint mir einleuchtender als *Wunderlichs* Überlegungen zur »geistigen Naheinstellung« bei Down-Patienten (62, S. 114).

Auch heute noch erkennt Andreas trotz Brille Bekannte erst, wenn sie auf 10–15 m herangekommen sind. Die ihn sehr interessierende Straßenbahn sieht er erst, wenn sie sich auf weniger als 50 m genähert hat.

Vor dem Fernsehgerät sitzt er jetzt in der Regel mit 50–100 cm Abstand. (Es handelt sich um ein kleines tragbares Gerät). Er erkennt einwandfrei, was auf dem Bildschirm geschieht. Das wird durch gelegentliches Nachahmen des Gesehenen, durch Lachen bei turbulenten Szenen usw. klar erkennbar.

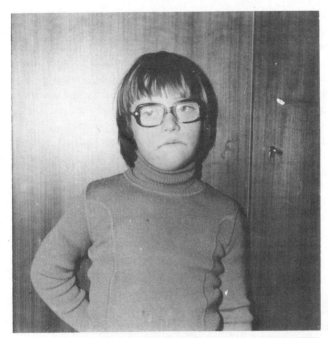

Abb. 20:
Andreas mit der
neuen Brille.

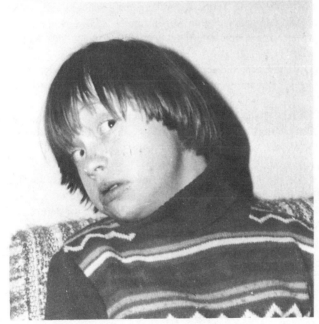

Abb. 21:
Für diese Art
zu blicken haben
wir noch keine
Erklärung.

Kleine Gegenstände, z.B. Kuchenkrümel auf dem Tisch, nimmt er inzwischen genau wahr. Allerdings hat er noch immer Schwierigkeiten, einen bestimmten Gegenstand, z.B. einen Ball, aus einer größeren Menge von Spielzeug herauszufinden. Offenbar kann er sich dabei in der Vielzahl der auf ihn einwirkenden optischen Reize nicht genügend orientieren.

Recht typisch war seine Reaktion beim Ostereiersuchen. Deutlich sichtbare Gegenstände, z.B. eine Schachtel auf dem Sitzbrett seiner Schaukel, bemerkte er sofort, etwas versteckte aber, z.B. einen Schokoladenhasen, der an der Kante einer auf dem Boden liegenden Matratze lag, bemerkte er nicht, selbst als wir ihn unmittelbar davor auf den Boden setzten.

Auffällig ist auch, wie schlecht Andreas Gegenstände mit den Augen verfolgen kann. Selbst bei ihn interessierenden Gegenständen, z.B. bei einer angezündeten Wunderkerze, gelingt es ihm nicht, deren Bewegungen von einer Kopfseite zur anderen mit den Augen mitzumachen. Auch bei kleineren Bewegungen in seinem Gesichtsfeld bewegt er nicht die Augen, sondern den ganzen Kopf.

Kürzlich saß die *Mutter* in der Tagesstätte hinter ihm vor einer Glasscheibe, durch die sie draußen spielende Kinder beobachteten. Als sie durch die Spiegelung bemerkte, daß er immer den ganzen Kopf bewegte, um den vorbeilaufenden Kindern nachzusehen, fixierte sie den Kopf mit den Händen und beobachtete Andreas, der das ruhig geschehen ließ, weiter in der Scheibe. Andreas bewegte seine Augen zum Nachblicken nicht, auch dann nicht, als er bemerkte, daß die versuchte Drehung des Kopfes verhindert wurde.

Auch Gegenständen, die auf seine Nasenspitze zubewegt werden, kann er mit den Augen nur ganz wenig folgen, dann stellen diese sich wieder parallel ein.

Vielleicht findet sich im Zusammenhang mit diesen Beobachtungen die Erklärung dafür, warum er alles, was ihm optische Reize in Bewegung bietet (Spiegel, Wasserflächen, bewegliche Lichter, Taschenlampe u.a.), so bevorzugt.

Versucht er, da Wahrnehmung nur durch Bewegung möglich ist, die ihm selbst fehlenden Bewegungsmöglichkeiten durch äußere Reize zu ersetzen?

Noch eine Beobachtung haben wir gemacht, doch haben wir dafür keine Erklärung. Auch befragte Ärzte konnten uns nicht weiterhelfen.

Andreas blickt häufig, besonders wenn ihn Gegenstände oder Ereignisse sehr interessieren, so, wie es auf Abb. 21 erkennbar ist. Er hält den Kopf zur Seite gedreht oder legt ihn seitlich auf die Schulter, so daß die Lidachsen nahezu vertikal stehen, und schaut dann dennoch geradeaus.

Tasten

Bei den Beobachtungen zum Bereich des Tastens sei zunächst daran erinnert, daß Andreas wie die übrigen Kinder im Heim häufig die auf Seite 35 beschriebenen Lederhandschuhe trug, die ein normales Tasten unmöglich machten.

Anfangs hatte Andreas so gut wie kein Tastempfinden, was seine Schwierigkeiten beim Greifen etwas verständlicher macht. (Man versuche einmal, mit eingeschlafener Hand etwas zu ergreifen.) Die *Mutter* versuchte mit allen Mitteln, seine auch völlig verhornt aussehenden Hände zu stimulieren, was anfangs nur mit wirklich groben Mitteln gelang (Sandpapier, Drahtbürste, grober Sand). Sie führte auch Finger-Trommelspiele mit ihm durch, um ihm Empfindungen in *einzelnen* Fingern zu ermöglichen und um ihm überhaupt erst einmal klarzumachen, daß er einzelne Finger hat.

Verglichen mit diesem Anfangszustand kann er heute recht gut tasten. Wie schon unter der Rubrik »*Sehen*« dargestellt, hebt er auch kleine Gegenstände nun sicher auf und kann seine Kraft in den Fingern wesentlich differenzierter einsetzen, was eine Rückmeldung durch das Tastempfinden voraussetzt. Die Verbesserung ist auch beim Essen gut zu beobachten. Andreas bemerkt nun in der Mehrzahl der Fälle, wenn etwas an seinen Fingern hängenbleibt, und benutzt dann die Serviette. Nasse, klebrige Servietten lehnt er ab und bringt sie in den Mülleimer.

Im Rahmen des Förderprogramms tastet er in Schüsseln mit Bohnen, Linsen und Reis vergrabene Gegenstände heraus und kann in einem Beutel versteckte Gegenstände, die ihm bekannt sind, tastend erkennen und gezielt herausholen.

Dennoch verfügt Andreas noch nicht über ein normales Tastempfinden. So lacht er sich halbtot, wenn ihm die Hände mit einer Drahtbürste (wie sie zum Haarebürsten benutzt wird) stimuliert werden, während uns die gleiche Druckstärke bereits Schmerzen verursacht. Er läßt sich die Hände in letzter Zeit aber doch lieber mit einem Stück Fell als mit einer groben Bürste bearbeiten.

Riechen und Schmecken

Über diese Bereiche haben wir nur wenige Informationen, und diese können auch kaum nach Riechen und Schmecken getrennt werden. Nahezu der einzige Bereich, in dem uns Beobachtungen möglich waren, ist das Essen und Trinken.

Das Ausspucken der ihm unbekannten Schokolade mit 5;8 ist die erste beobachtete Reaktion auf den Geschmack von etwas Eßbarem. Im Laufe der Zeit kamen einige Beobachtungen hinzu.

Andreas entwickelte klare Vorlieben und Abneigungen bei bestimmten Speisen. Sie sind hier nicht näher aufgeführt, doch zeigt sich eindeutig eine Vorliebe für Süßes, während er saure und bittere Gerichte ablehnt. Da er jedoch allgemein Speisen ablehnt, bei denen er intensiv kauen muß, ist in manchen Fällen nicht klar zu entscheiden, ob die Ablehnung auf den Geschmack oder das Kauen zurückgeht.

Auffallend ist seine Vorliebe für grüne Gurken. Hier scheint eindeutig der Geschmack im Vordergrund zu stehen, denn diese muß er nun wirklich kauen.

Andreas mag keine kohlensäurehaltigen Getränke. Möglicherweise spielen hier aber auch seine Schwierigkeiten beim Schlucken hinein.

Die *Mutter* benutzt gelegentlich Haarspray oder Parfum. Wenn Andreas dann ins Bad kommt, schnauft er mit der Nase und verlangt auch etwas davon.

Eine gewisse Empfindungsfähigkeit im Bereich des Schmeckens und Riechens scheint also vorzuliegen. Die Sensibilität ist aber offenbar nicht sehr hoch, denn Andreas trinkt z.B., ohne zu zögern, sein mit Badezusatz versehenes Badewasser, und auch Seife im Mund stört ihn nicht.

Bis zum Alter von 8;0 aß Andreas sehr gern Eis mit Sahne, wobei er beim Verspeisen nicht zwischen beidem unterschied und sich sowohl große Sahneportionen wie auch ganze Eisballen in den Mund schob. Seit dieser Zeit aber sortiert er das Eis heraus und verzichtet am liebsten darauf, während er Sahne nach wie vor ißt. Das könnte aber vielleicht auch auf das verbesserte Temperaturempfinden zurückgeführt werden.

Temperaturfühlen und Schmerzempfinden

Nach den Beobachtungen der *Mutter* besaß Andreas anfänglich fast kein Temperaturgefühl. Wie auch auf Seite 117 beschrieben, verbrannte er sich anfangs häufig an Händen und Zunge heftig, ohne dabei viel zu bemerken. Erst langsam wurde er vorsichtiger.

Höhere Temperaturen scheint er aber jetzt sehr gut zu empfinden. Dafür sprechen einige Beobachtungen:

Andreas weist heißen Tee, den wir gut trinken können, als zu heiß zurück.

Vor etwas zu heißem Essen bleibt er nach einem Versuch mit verzogenem Gesicht sitzen, bis wir ihn zum Weiteressen auffordern.

Heiße Kartoffelstücke legt er im offenen Mund ganz vorn auf die Zungenspitze.

Andreas reicht uns gern das fertige Toastbrot zu. In letzter Zeit verzieht er dabei das Gesicht, faßt das Brot sehr zögernd und vorsichtig nur mit den Fingerspitzen an und versucht, es so schnell wie möglich loszuwerden.

Vor zu warmem Bade- oder Duschwasser zuckt er zurück, auch wenn für uns die Temperaturen durchaus annehmbar sind.

Gegen niedrige Temperaturen scheint er nicht ganz so empfindlich zu sein, doch spürt er auch sie inzwischen besser.

Kürzlich ließen wir ihm versehentlich statt warmem kaltes Badewasser in die Wanne laufen. Andreas stieg hinein, sprang aber mit einem großen Satz blitzschnell wieder heraus und brüllte protestierend.

Andererseits lief er im letzten Winter trotz ziemlicher Kälte ohne das geringste Zeichen von Unbehagen mit bloßen Händen herum und beklagte sich auch nie über kalte Füße oder ähnliches. Erst mit 10;6 forderte er im Winter erstmals seine Handschuhe an. Schnee im Gesicht schien ihm aber bereits früher etwas auszumachen.

Das Schmerzempfinden ist weniger gut. Mit 7;0 zog sich Andreas auf dem Spielplatz eine große Platzwunde am Hinterkopf zu. Er weinte, aber wohl nicht vor Schmerzen, sondern eher wegen des Schrecks. Erst beim Nähen der Wunde, als er einige Spritzen bekam, zeigte er eine Schmerzreaktion. Als ihm mit 7;4 die Mandeln entfernt wurden, schloß er im Krankenhaus Freundschaft mit der Köchin und ergatterte von ihr am Tag nach der Operation ein normales Brot, das er ohne Anzeichen von Schmerzen aß.

Mit 8;5 wurden ihm die Finger der linken Hand von einem anderen Kind in die Tür eines VW-Busses geklemmt, so daß sie erheblich anschwollen und der Nagel das Mittelfingers schwarz wurde. Noch am gleichen Abend aber benutzte er die Finger wieder, als wäre überhaupt nichts geschehen. Andreas bemerkte es auch nicht, wenn seine Lippen oder Fingerkuppen blutig aufgesprungen sind. Immerhin spürt er es jetzt aber, wenn er sich mit dem Hammer seiner Hammerbank auf die Finger klopft. Auch als er kürzlich in seinem Zimmer unter der Schaukel spielte und er sie, wohl weil sie ihn störte, wegschleuderte, woraufhin sie ihm beim Zurückschwingen gegen die Stirn schlug, zeigte er Schmerz und weinte.

Über Empfindungen bei Organschmerzen können wir bei Andreas kaum etwas sagen. Er läßt so gut wie nie erkennen, ob er irgendwelche Beschwerden hat. Lediglich wenn er Ohren- und Kopfschmerzen hat, können wir das mitunter aus seinem Verhalten schließen. Er legt sich dann häufiger die Hand ans Ohr oder reibt sich den Kopf.

Defekte und Erkrankungen

Nach den vorliegenden Berichten hat Andreas mit drei und erneut mit 4 Monaten an Dyspepsien gelitten. Außerdem wurde zu dieser Zeit ein Nabelbruch festgestellt. Durchgehend wird von einer Neigung zu Bronchitis und katarrhalischen Infekten berichtet.

Andreas trug im Heim bereits Einlagen, wenn auch zu kleine, und er trägt auch heute welche. Nach seiner Entlassung wurden folgende Defekte bemerkt:

Starke Kurzsichtigkeit
Verminderte Hörfähigkeit
Luxation an den Hüftgelenken
Penicillin-Unverträglichkeit
Phimose
Hodenhochstand einseitig
Rectus-Diastase (Der den Bauch normalerweise deckende Muskel ist nicht ganz geschlossen. In der ersten Zeit traten durch diese Lücke häufiger Därme heraus. Seit etwa einem Jahr haben wir es nicht mehr beobachtet).
Anomalien der Zähne.

Bei der Hörüberprüfung durch EEG wurden mit 7;0 auch Krampfspitzen entdeckt. Im folgenden Lebensjahr traten gelegentlich Krämpfe auf, danach nicht mehr.

Mit 7;5 wurden ihm die Rachenmandeln entfernt. Dabei gab es Schwierigkeiten mit der Narkotisierung. Andreas brauchte die doppelte Erwachsenendosis, er erwachte aber dennoch unmittelbar nach dem Eingriff und schrie derart, daß die Nähte platzten und entsprechend versorgt werden mußten.

Mit 6;0 hatte Andreas einen heftigen sogenannten »Heuschnupfen«, der danach jedoch nicht mehr auftrat. Andreas ist noch immer sehr anfällig gegen Erkältungskrankheiten, die häufig eine Bronchitis, gelegentlich eitrig, und Mittelohrentzündungen zur Folge haben. Ab und zu kommt es bei solchen Infektionen zu Pseudo-Krupp-Erscheinungen. Stetiger Pflege bedarf seine Haut, besonders an den Händen und im Gesicht. Trotz aller Sorgfalt kommt es aber immer wieder zu einem blutigen Aufplatzen von Fingerkuppen und Lippen. Gegen zu scharfe Waschmittel und Seifen ist er empfindlich. Recht häufig leidet er unter Hautausschlägen, Ekzemen und eitrigen Hautinfektionen. Seine Fingernägel sind sehr brüchtig. Ab und zu entzünden sich auch die Ränder der Augenlider.

Bei Erkrankungen ist Andreas selbst bei Temperaturen von über 39°C noch aktiv und munter und nicht im Bett zu halten. Er überwindet Erkältungsinfekte in der Regel rasch, wenn auch mit medikamentöser Unterstützung. Auffallend bei Fieber ist, daß Kopf und Oberkörper dabei stets auffallend warm, Unterleib und Beine jedoch völlig kalt sind.

Entwicklung lebenspraktischer Fähigkeiten

Es ist für uns wie auch für Andreas eine zwingende Notwendigkeit, ihn im lebenspraktischen Bereich so zu fördern, daß er so selbständig wie möglich wird. Zum einen ist es ein sehr häufiger Grund für die Heimeinweisung eines behinderten Kindes, daß die Familie der Belastung durch ein stets von der Hilfe anderer abhängiges Kind, noch mehr später durch einen in gleicher Weise abhängigen Erwachsenen nicht mehr gewachsen ist. Außerdem liegt eine solche Förderung auch im unmittelbaren Interesse von Andreas. »Denn ein behindertes Kind, das einfachen Anweisungen nachkommt, das sich alleine an- und auszieht, das selbständig ist und zur Toilette geht, hat bedeutend bessere Aussichten auf Förderung seiner geistigen, sozialen und musischen Fähigkeiten als ein Kind, das in diesen Bereichen unselbständig ist. Das wirkt sich besonders aus in Kindergärten, Tagesstätten und Heimen. Dort findet man die selbständigsten Kinder meist in den Gruppen, in denen gezielte Förderprogramme durchgeführt werden, während bei den unselbständigen Kindern vorwiegend die pflegerische Betreuung im Vordergrund steht.« (Kane/Kane 27, S. 11). Es dürfte nicht abwegig sein, eine ähnliche Aussage auch für die schulische Betreuung zu machen.

Im Heim hat Andreas, soweit wir es wissen, keinerlei systematische Förderung in dieser Hinsicht erfahren. Die einzigen Dinge, die uns bekannt wurden, sind, daß er versuchte, seinen Schlafanzug allein auszuziehen, was ihm gelegentlich auch gelang, ferner, daß er beim Baden samstags von einem der Zivildienstleistenden ein Handtuch bekam, so daß er versuchen konnte, sich selbst abzutrocknen. Und schließlich konnte er seine Trinkflasche allein halten. Wenn es deshalb im Entlassungsbericht (Anlage 6) über Andreas heißt: ». . . in lebenspraktischen Dingen selbständiger geworden«, so wirkt das schon etwas seltsam.

Die Aufgabe, Andreas in dieser Hinsicht voranzubringen, hat in erster Linie die *Mutter* in der Zeit erfüllt, in der sie mit ihm allein lebte.

Was im einzelnen unter »lebenspraktisch« verstanden wird, darüber herrscht offenbar noch keine Einigkeit. *Kane/Kane* und *Liljeroth/Niméus* (35) verstehen darunter die Bereiche An- und Ausziehen, Essen, Sauberkeit und Hygiene, wobei bei *Kane/Kane* noch als Grundvoraussetzung Lenkbarkeit und bei *Liljeroth/Niméus* grundlegendes Funktionstraining hinzukommen. *Walburg* (60) dagegen faßt diesen Begriff sehr viel weiter. Für ihn ist lebenspraktische Erziehung ein »Bildungsprozeß, der alle Bereiche der Erziehung durchlaufen muß, beginnend mit Grundübungen im Elternhaus und im Kindergarten für geistig Behinderte und fortführend in vertiefender Form in der Schule und in der Werkstatt für Behinderte.« (60, S. 18). In dieser Arbeit jedoch soll darunter im engeren Sinne das An-

und Ausziehen, das Essen, das selbständige Benutzen der Toilette und die Körperpflege verstanden werden.

Es muß eigentlich nicht besonders hervorgehoben werden, daß das Üben lebenspraktischer Fähigkeiten nur sinnvoll sein konnte, wenn der Zusammenhang mit der Gesamtentwicklung beachtet wurde. Mindestanforderungen an das Orientierungsvermögen im weitesten Sinn, an das passive Sprachverständnis und an die motorischen Fähigkeiten mußten zuvor erfüllt oder erarbeitet werden. Außerdem mußte Andreas motiviert werden können, die von ihm verlangten Dinge überhaupt zu tun.

Während anfangs primäre Verstärker im Vordergrund standen (z.B. Essen, Genußmittel), überwiegen heute sekundäre Verstärker (z.B. Lob, Zuwendung). Andreas ist aber auch zunehmend besser in der Lage, Dinge zu tun, für die er nicht gleich eine Verstärkung erfährt, und für ihn noch nicht in ihrem Sinn durchschaubare Forderungen zu erfüllen. Wir meinen, daß hier ein Zusammenhang mit dem Erlebnis des zunehmenden eigenen Könnens und der damit verbundenen Selbsteinschätzung besteht.

Andreas verlangt immer weniger, daß andere etwas für ihn tun. Viel häufiger probiert er es allein und sucht nur in dem Umfang Hilfe, in dem er nicht allein zurechtkommt. Ein kleines Beispiel hierfür ist das Öffnen einer Limonadenflasche. Andreas probiert und schafft es meistens allein. Sitzt aber die Verschlußkappe zu fest, schiebt er die Flasche (nur die Flasche und nicht auch den Becher, in den er die Limonade gießen will!) einem von uns zu. Nach dem Lockern des Verschlusses beendet er das Aufschrauben, Eingießen und Verschließen selbst.

An- und Ausziehen (Abb. 22–25)

Hierin hat Andreas in den letzten Jahren weitgehend Selbständigkeit erreicht, nachdem er 6 1/2 Jahre lang keine Möglichkeit dazu hatte.

Die Erarbeitung erfolgte auf dem Weg über die Identifikation mit der *Mutter,* indem er es über den Zeitraum von mehr als einem Jahr regelmäßig gemeinsam mit ihr tat. Dieser Weg erschien als der einzig gangbare, da hierbei die Anforderungen an Grundfähigkeiten wie passives Sprachverständnis, Kenntnis des eigenen Körperschemas und Kenntnis der Kleidungsstücke am geringsten waren. Zugleich erwarb er sich auf diesem Wege einige dieser Grundfähigkeiten.

Das Lernen begann mit dem Ausziehen, wobei die Hauptschwierigkeiten in der fehlenden Fähigkeit zum Ergreifen (unterentwickeltes Tastvermögen, nicht vorhandene kortikale Opposition = Gegenüberstellung von Daumen und Fingern) lag. Das Öffnen und Schließen von Knöpfen, Schnallen und Haken beherrscht Andreas noch immer nicht. Er kann Reißverschlüsse öffnen und zuziehen, nicht jedoch einhaken, Schuhe kann

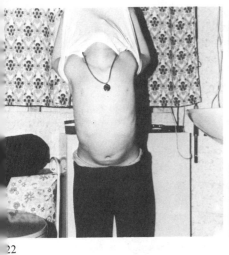
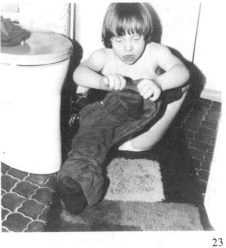

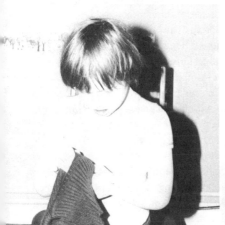
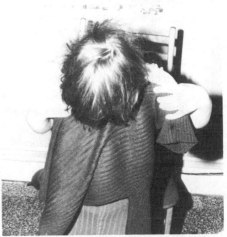

Abb. 22: Ausziehen des Unterhemdes . . .

Abb. 23: . . . und der Hose.

Abb. 24: Der Pullover wird ergriffen . . .

Abb. 25: . . . und zum Anziehen in die richtige Lage gebracht.

er aufziehen und selbständig an- und ausziehen, nicht jedoch zubinden. Nach anfänglichen erheblichen Schwierigkeiten kann er nun alle Kleidungsstücke nacheinander einzeln ausziehen.

Unterhemden und Pullover faßt er vorn am unteren Rand und zieht sie in einem Zug nach oben. Die Kleidungsstücke werden dabei völlig umgedreht.

Hemden und Jacken ließ er bis 8;7 hinten etwas von den Schultern gleiten, schwenkte dann beide Arme gleichzeitig (!) nach vorn über den Kopf und zog sie dann weiter aus. Inzwischen kann er die Manschetten hinter dem Rücken ergreifen und sich so ausziehen.

Seit 10;0 kann er auch seinen Hosengürtel allein öffnen und schließen, allerdings nur, wenn er dazu motiviert ist.

Mützen, Schals und Handschuhe zieht er ohne fremde Hilfe aus und an.

Die ersten Vorübungen zum Anziehen fanden im Zusammenhang mit der Toilettenbenutzung statt. Andreas lernte zuerst, die Unterhose wieder hochzuziehen, später folgten dann die anderen Hosen. (Als Anleitung für das Anziehen wählte die *Mutter* das Vorgehen nach Liljeroth/Niméus (35)).

Andreas saß dazu zunächst auf der Erde, da er noch zu klein und vor allem zu unsicher war, um es von Stuhl aus bewältigen zu können.

Nun folgten Unterhemd und Pullover. Hierbei bestanden die Hauptschwierigkeiten für ihn darin, die richtige Öffnung zu finden und sie offen zu halten, so daß er den Kopf hineinstecken konnte. Außerdem verdreht er beim Herabziehen die Kleidungsstücke regelmäßig, weil er mit der linken Hand länger (nach vorn) zieht, so daß nun die Suche nach den Armlöchern recht schwierig wird und häufig die Rückenseite auf die Brust gerät.

Mit Oberhemden und Jacken hat er, abgesehen von den Verschlüssen, auch sonst noch Probleme. Häufig fährt er in den verkehrten Ärmel und hat das Kleidungsstück dann zwar an, jedoch leider mit dem Verschluß auf dem Rücken. Er bemerkt den Fehler bis jetzt noch nicht und würde die Sachen wohl so anbehalten. Unter Aufsicht kann er Jacken schon richtig anfassen: eine Hand am Kragen, die andere Hand findet meistens den Weg unter dieser Hand hindurch in den richtigen Ärmel, und es gelingt auch, die Jacke über den Rücken irgendwie auf die andere Seite zu transportieren, doch dann ist oft noch Schluß, denn nun ist alles so verdreht, daß selbst wir Schwierigkeiten hätten, den zweiten Arm in den Ärmel zu bekommen. Noch schwerer ist es für ihn bei Hemden.

Mit etwa 7;10 erlernte Andreas das Anziehen von Strümpfen. Wochenlang hatte er sich verzweifelt bemüht, seine Zehen alle auf einmal in den von ihm nach mancherlei Vorübungen dann offengehaltenen Strumpf zu bekommen, aber immer blieb etwas draußen oder der Strumpf rutschte durch einseitiges Ziehen wieder von den Zehen herunter. Dann aber hatte er es plötzlich, und er verlor diese Fertigkeit, abgesehen von weiter unten beschriebenen Sondersituationen, auch nicht mehr. Etwa seit der gleichen Zeit kann er auch seine geschlossenen Hausschuhe verhältnismäßig schnell anziehen. Allerdings verwechselt er noch immer links und rechts, auch bei anderen Schuhen, und selbst bei den Lederstiefeln, die den Reißverschluß innen haben, bemerkt er nichts, sondern läuft ungerührt damit herum. Macht man ihn dann darauf aufmerksam, gelingt das Umwechseln aber sicher.

Mützen setzt er sich selbst auf, auch Schals legt er sich um den Hals. Handschuhe allerdings, die er bis jetzt haßte – Folge der Heimerfahrung? – zieht er nicht allein an. Früher zog er sie gern unbemerkt aus und ließ sie irgendwo liegen.

Andreas nimmt sich seine Kleidung noch nicht selbst aus dem Schrank, doch könnte er dies wohl. Aus Geschmacks- und Wärmegründen tut das die *Mutter*. Bei vielen Kleidungsstücken ist es Andreas völlig egal, welche er anzieht. Bei einigen Dingen aber zeigt er sichtbare Abneigung (z.B. gegen Wollstrumpfhosen, überhaupt gegen alle Kleidung aus Wolle, ebenso gegen synthetische Pullover und Halstücher), anderes dagegen zieht er gern an (z.B. Nickis).

Die Reihenfolge, in der er seine Kleidung anzieht, ist immer gleich.

In der Regel werden ihm die Kleidungsstücke nacheinander gegeben oder hingelegt. Pullover kann er sich (siehe Abb. 24 + 25) selbst in die richtige Lage bringen. Vorn und Hinten kann er noch nicht unterscheiden. Er bemerkt auch nicht, wenn das Kleidungsstück durch diesen Irrtum nicht richtig sitzt. Das Anziehen beansprucht einen sehr unterschiedlichen Zeitaufwand. Es kann in drei Minuten erledigt sein, es kann aber ebenso mehr als 30 Minuten dauern. Einige Ursachen für Verzögerungen sind:

Abgelenktheit durch andere Personen im gleichen Raum.

Abgelenktheit und Hinübergleiten in eine Spielhaltung bei fehlender oder nicht kontinuierlicher Kontrolle. Trödeln aus Müdigkeit.

Versuche, durch »Nichtkönnen« die Hilfe oder wenigstens Mithilfe anderer Personen zu bekommen.

Nichterkennen (-wollen?) des jeweils richtigen Kleidungsstückes. Andreas versucht dann z.B. lange, die Unterhose als Hemd anzuziehen, oder benutzt die Schlafanzugjacke als Hose.

Umdrehen eines Kleidungsstückes oder eines Teils davon, wodurch er sich nicht mehr allein zurechtfindet. Er bemerkt es nicht, wenn etwas umgedreht ist, kann aber, darauf aufmerksam gemacht, Ärmel korrigieren.

Beharren auf einem falschen Zugang. Andreas versucht beispielsweise oft, den Kopf durch einen Pulloverärmel zu zwängen oder durch ein Beinloch in die Unterhose hineinzukommen.

Verdrehen des Pullovers oder Unterhemds beim Herabziehen über den Kopf.

Verwechslung von vorn und hinten, links und rechts.

Verwechslungen in der notwendigen Reihenfolge des Anziehens, wenn keine Kontrolle da ist.

Fehlendes feinmotorisches Geschick, z.B. beim Entfalten der Öffnung eines zusammengelegten Pullovers.

Die größte Bedeutung für das Tempo des Anziehens haben jedoch weniger die o.a. Fehler, vielmehr ist die Motivation ausschlaggebend. Andreas *kann* nämlich diese Fehler (bis auf Ausnahmen) sehr rasch korrigieren, wenn er energisch dazu angehalten wird oder auch, wenn es irgendwohin geht, wohin es ihn sehr zieht. So ist er z.B. ohne Schwierigkeiten in Windeseile angezogen, wenn es auf den Rummelplatz geht.

Sauberkeitstraining

Andreas war, wie auch die Beobachtungen des Amtsvormundes bestätigen, bis zu 6 Jahren inkontinent.

In den 4 Wochen, in denen die *Mutter* Andreas dann in den Ferien bei sich hatte, versuchte sie ein systematisches Toilettentraining. Andreas rannte aber vor dem Topf, auf den sie ihn zunächst setzen wollte, davon. (Im Heim wurden die Kinder auf dem Topf festgebunden). Daraufhin versuchte sie es auf einer Kindertoilette der Tagesstätte mit einem Einsatz.

Andreas hatte jedoch noch nie auf einer Toilette gesessen und konnte damit nichts anfangen. Deshalb mußte ihm, da verbale Erklärungen nicht ankommen konnten, erst konkret vorgeführt werden, wozu ein solches Ding da ist. Er durfte dabei das Wasser abziehen. Auf diese Weise gelang es, ihn ebenfalls auf die Toilette zu bringen, und er wurde dann innerhalb einer Woche sauber. Allerdings ging er nur in der gewohnten Umgebung der Tagesstätte auf die Toilette und benutzte dort auch nur die Kindertoilette. Auf normalen Toiletten war er sehr unsicher und machte nichts.

Da die *Mutter* für die zweite Hälfte der Ferienzeit den Urlaub im Bayerischen Wald geplant hatte, wo es mit Sicherheit keine Kindertoiletten gab, versuchte sie, ihn doch wieder an einen Topf zu gewöhnen. Es war ein sehr schöner Topf, den sie zusammen mit Andreas kaufte, es gab auch noch eine Spieluhr dazu, und schließlich wurde der Topf gemeinsam mit bunten Abziehbildern beklebt. Da die *Mutter* außerdem schon Andreas' großes Interesse für Spiegel kannte, fand der erste Versuch mit diesem Topf und der Spieluhr vor einem großen Spiegel in seinem Zimmer statt, und er gelang. Andreas akzeptierte diesen besonderen Topf ohne Zwangsmaßnahmen, und er erledigte sein Geschäft darauf in normaler Zeit. In den zwei Wochen im Bayerischen Wald trug Andreas keine Windeln mehr und war völlig sauber. Schon auf der Hinfahrt machte er unterwegs nichts, sondern wartete bis zum Zielort. Bereits nach drei Tagen dort übergab er der *Mutter*, bevor er auf den Topf ging, die Spieluhr und holte sie sich danach wieder, wie um ihr zu zeigen, daß er sie nicht mehr brauchte. Er holte sich selbst den Topf und setzte sich, nachdem er sich die kurzen Hosen allein heruntergezogen hatte, selbständig darauf.

Nach dem Urlaub mußte Andreas wieder ins Heim zurück und kotete und näßte prompt wieder ein. Bei den folgenden Besuchen bei der *Mutter* benutzte er nach einer Übergangszeit von einem Tag jeweils regelmäßig Topf oder Kindertoilette, war aber im Heim ebenso regelmäßig wieder inkontinent.

Ab 6;6 war er dann ganz bei ihr und, von ganz seltenen Ausnahmesituationen (Angst usw.) abgesehen, durchgehend sauber. Allerdings ging er rund ein Jahr lang nur in der Wohnung der *Mutter* auf Topf oder Toilette, und wegen der langen Phase bis zum Heimkommen aus der Tagesstätte kam es dadurch gelegentlich zu »kleinen« Betriebsunfällen. Es hat eine Weile gedauert und beim Erlernen einige Schwierigkeiten bereitet, bis Andreas sein kleines Geschäft auch im Stehen erledigen konnte.

Zur Zeit benutzt Andreas etwa 3–5mal täglich selbständig die Toilette. Wenn er tagsüber muß, kommt er und deutet auf seine Hose, deren Knopf wir ihm noch öffnen müssen. Alles andere, vom Herunterziehen der Hosen über das Abputzen, Spülen, Wiederanziehen bis zum Händewaschen erledigt er allein. Er beherrscht auch die Bedienung aller Spülsysteme. Nur zum Schließen des Hosenknopfes braucht er wieder Hilfe und sucht sich dazu einen Erwachsenen. Morgens und abends im Schlafanzug erledigt er alles allein. Allerdings ließ Andreas bis vor kurzem oft die Tür offen, wenn er nicht zum Schließen ermahnt wurde. Möglicherweise sah er keinen Grund, sie zu schließen, weil er es durch Schule und Tagesstätte gewohnt war (teils wegen des Andranges, wegen der Kontrolle, aber auch wegen der offenen Bauweise der Toiletten), daß andere beim Erledigung des Geschäfts zuschauten. Dies war ein eigenartiger Widerspruch zu seiner sonstigen Angewohnheit, alle Türen zu schließen.

Die Tatsache, daß in den genannten Institutionen die Toiletten offen sind, soll hier nicht verteidigt werden. Auch ein Behinderter sollte die Möglichkeit haben, seine Bedürfnisse unbeobachtet zu verrichten. Das ist selbst bei großer Hilflosigkeit möglich.

Körperpflege

Im Heim wurde Andreas wie alle Kinder täglich gewaschen und gepflegt und am Sonnabend gebadet. Abgesehen von der Tatsache, daß einer der ZDLs ihm beim Baden ein Handtuch gab, ist nichts bekannt, was er dabei selbst getan hätte.

Die dort vorgenommenen pflegerischen Maßnahmen reichten offenbar für die empfindliche Haut von Andreas nicht aus. Möglicherweise standen auch nicht die geeigneten Mittel zur Verfügung, denn als die *Mutter* ihm dann eine bestimmte Creme mitbrachte, wurde sie nicht nur für ihn wirklich benutzt, sondern auch gleich noch für andere Kinder.

Der *Mutter* gelang es nach einigen Mühen, das Äußere von Andreas unauffällig werden zu lassen. (Ein Vergleich der Bilder läßt das deutlich werden). Dazu gehörten konsequentes Baden oder Duschen mit guten Duschbädern, Kuren für sein stumpfes und unansehnliches Haar, regelmäßige Hautpflege durch Eincremen besonders an Gesicht und Händen sowie rechtzeitige vorbeugende Maßnahmen gegen das Aufplatzen von Fingerkuppen und Lippen. Das waren anfangs Maßnahmen, die Andreas passiv über sich ergehen ließ, doch bald wurde er in diese Dinge einbezogen. Bereits als ich Andreas mit 7;8 kennenlernte, hatte er es. gelernt, wesentliche Teile seiner Körperpflege selbst zu übernehmen, und inzwischen hat er weitere Fortschritte gemacht. Andreas badet täglich und sehr gern. Das Wasser kann er sich nicht selbst einlaufen lassen und regulieren, weil es wegen des Gasdurchlauferhitzers anfangs zu erheblichen Temperaturschwankungen kommt. Er steckt aber den Stöpsel selbst in die Wanne, holt sich sein Wannenspielzeug, klettert allein hinein und wäscht sich selbst mit einem Waschlappen.

Beim Haarewaschen feuchtet er die Haare selbst an, verreibt das Shampoo, spült die Haare dann selbst aus (Abb. 26). Er steigt allein aus der Wanne, in der Regel wann er will, räumt sein Spielzeug weg und hängt den Waschlappen ausgedrückt (wringen kann er noch nicht) an einen Haken. Mit seinem erreichbar angebrachten Handtuch trocknet er sich ab und föhnt anschließend seine Haare selbst. Das Ende des Föhnens muß ihm allerdings abgezeigt werden, da er noch kein Gefühl dafür hat, wann die Haare trocken sind. Anschließend kämmt er sich (Abb. 27).

Den gesamten Vorgang des Zähneputzens mit einer elektrischen Zahnbürste erledigt er völlig ohne Hilfe.

Andreas bemerkt heute anders als noch vor kurzem, wenn seine Hände klebrig oder sandig sind. Er kann sie selbst mit Seife waschen und abtrocknen. Er hilft schließlich auch bei der Hautpflege mit. Tupft man ihm etwas Creme ins Gesicht, stellt er sich vor den Spiegel und verreibt sie, bis sie nicht mehr zu sehen ist. Das Eincremen der Hände gelingt ihm noch

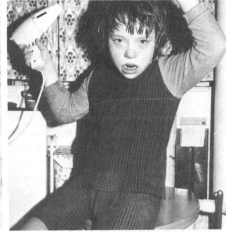

6

27

3

29

Abb. 26: Ausspülen der Haare . . .

Abb. 27: . . . und Föhnen.

*Abb. 28: Die Benutzung der Gabel verhinderte allzu große
Beschmutzung beim Essen.*

Abb. 29: Zum Abwischen des Mundes nimmt Andreas stets die linke Hand.

unvollkommen. Er reibt zwar die Hände gegeneinander, doch kann er nicht mit den Fingern die ganze Fläche gleitend bestreichen und nicht um die Fingerkuppen herumgreifen. Bei der Nagelpflege ist er auf unsere Hilfe angewiesen.

Abgesehen von dem beginnenden Gefühl für Sandiges und Klebriges an den Händen bemerkt Andreas Schmutz an sich und seiner Kleidung nicht.

Den nach *Rett* (42, S. 41) verhältnismäßig schwierigen Vorgang des Schneuzens beherrscht Andreas. (Er konnte es schon im Heim.) Er kann Papiertaschentücher einmal auffalten, hält sie aber beim Schneuzen noch nicht selbst fest. Er benutzt aber ihm gereichte Taschentücher, um sich z.B. nach dem Niesen die Nase abzuwischen, und er kommt, wenn dieses nötig ist, auch aus seinem Zimmer und zeigt es an.

Essen und Trinken

Aus den Berichten über Andreas geht hervor, daß er bis zu seiner Entlasssung gefüttert worden ist. Seine Nahrung im Heim bestand in erster Linie aus Brei. Erst kurz vor seiner Entlassung gab es abends auch Weißbrot mit Streichkäse oder Streichwurst, nachmittags Bananen. Getränke (Tee, Milch) wurden in begrenzter Menge am Ende der Mahlzeiten morgens und abends gereicht. Andreas konnte lediglich seine Trinkflasche halten.

Bci den Besuchen auf der Station brachte die *Mutter* ihm zunächst Joghurt und Fruchtsäfte mit. Die Fruchtsäfte ließ sie ihn aus einem Becher trinken, den sie ihm hielt. Joghurt wurde gefüttert.

Die Mahlzeiten bei den ersten Besuchen, als er 5;8 alt war, bestanden bei ihr bereits weitgehend aus normaler Kost: Graubrot mit Streichwurst und Streichkäse, normales Mittagessen, Milch, Kakao, Getränke ohne Kohlensäure. Das Brot wurde zunächst geviertelt, und die *Mutter* hielt es ihm zum Abbeißen. Später versuchte er es allein zu halten, doch zerquetschte er es in der Hand und konnte es nicht zum Abbeißen an den Mund führen, sondern drückte es sich irgendwie hinein. Deshalb wurde das Brot dann in kleine Stücke geschnitten, die er, zunächst mit Handführung, später allein, einzeln ergreifen und in den Mund stecken konnte. Da er den Pinzettengriff nicht beherrschte, war das recht schwierig. Andreas konnte überhaupt nicht kauen. Das Abbeißen am Anfang war auch eher ein Abquetschen und Abreißen gewesen. Es war außerdem sehr schwer für ihn, das Brot im Mund zu behalten. Er drückte es zunächst gegen den Gaumen (Andreas hat einen vergleichsweise hohen und sehr schmalen, langen Gaumen), matschte es mit viel Speichel dann so lange im Mund umher, bis es einen Zustand erreicht hatte, in dem er es schlucken konnte, und drückte es dann hinunter. Dabei liefen ihm ständig Speichel und Brotreste aus dem

Mund. Andreas ließ anfangs überhaupt dauernd den Speichel aus dem Mund laufen und mußte deshalb bei den ersten Besuchen ständig ein Lätzchen tragen. Er hatte auch große Schwierigkeiten mit dem Schlucken, die selbst heute noch nicht überwunden sind. Regelmäßig stopfte er sich erst weitere Brotstücke in den Mund, bevor der alte Brotbrei hinuntergedrückt wurde. Gegen dieses Hineinstopfen kämpfen wir noch immer. Wir verlangen von ihm, daß sein Mund leer ist, bevor er einen neuen Happen nimmt, doch er »überlistet« uns oft, indem er entweder einen unkontrollierten Moment ausnutzt oder aber die alten Brotreste so geschickt in Backentaschen oder Gaumen verteilt, daß sein Mund leer erscheint. Und schließlich gibt es da noch die Möglichkeit, sich das Hinunterschlucken durch Trinken zu erleichtern.

Die fehlende Fähigkeit zu kauen machte sich auch beim Mittagessen bemerkbar. Alles, was am Gaumen zerquetscht werden konnte, aß er gern und bekam es auch leichter hinunter. Mit Gemüse ging es schon schlechter, und ganz problematisch wurde es mit Fleisch. Auch heute noch muß Fleisch ziemlich kleingeschnitten sein, und selbst dann versucht er noch, sich möglichst daran vorbeizumogeln und es auf dem Teller zu lassen, oder aber er speichert es während des ganzen Essens in der Backentasche.

Nach einer kurzen Fütterphase und anschließender Vorübung mit Handführung aß Andreas bei der *Mutter* auch das Mittagessen bald allein mit einem Kinderlöffel, und er verhielt sich, was das Kleckern und Verschmieren anging, ähnlich wie ein Kleinkind im entsprechenden neurologischen Alter. Als Nachtisch gab es häufig Joghurt, Quark, Pudding, Grießbrei oder Haferbrei. Das waren Speisen, die hineingestopft und hinuntergedrückt werden konnten, und das ging wie beim Füttern im Heim entsprechend schnell. Das Trinken gelang ihm bald auch aus einem Becher, den er mit beiden Händen selbst hielt. Der Lippenschluß am Becher war jedoch noch unvollkommen, und auch hier hatte Andreas Schwierigkeiten mit dem Schlucken und damit, die Flüssigkeit bei dem Vorgang des Schluckens im Mund zu behalten. Ein größerer Teil lief regelmäßig wieder heraus. Diese Schwierigkeit mit dem Schlucken besteht noch immer. Mit 8;6 haben wir ihm eine abgemessene Menge von 1/8 Liter Tee gegeben. Um ihn auszutrinken, brauchte Andreas in drei Anläufen insgesamt 30 Schlucke! Erst mit 10;0 beginnend konnte er manchmal auch größere Schlucke nehmen.

Andreas verschluckt sich sehr oft. Wahrscheinlich schluckt er sehr viel Luft mit, denn er muß nach dem Trinken häufig aufstoßen.

Um das Kauen zu fördern, gab ihm die Mutter bald nur noch Vollkornbrot und auch sonst zu allen weichen Speisen immer etwas Härteres. Trotz allem kaut Andreas immer noch sehr ungern und zieht weiche Speisen eindeutig vor.

Am Ende des Sommerurlaubs mit 6;1 war Andreas in der Lage, im wesentlichen sauber und selbständig zu essen und zu trinken. Nach der vierwöchigen Besuchspause aber konnte er den Becher nicht mehr richtig anheben, sondern goß sich die Flüssigkeit, bevor er ihn an den Mund bekam, über die Kleidung. Da er es nicht wieder lernte, benutzte die *Mutter* nun eine Babytasse. Bis zum Alter von 6;6 aß Andreas nur mit dem Löffel, den er geschickt handhabte und auch, damit es nicht kleckerte, unten abzustreifen lernte.

Da er mit dem Anfassen des kleingeschnittenen Brotes noch immer Schwierigkeiten hatte und sich besonders bei Marmelade und Honig Hände und Kleidung sehr beschmierte, gab ihm die *Mutter* nun eine Gabel zum Aufspießen der Brotstücke (Abb. 28). Dieses Verfahren hat sich bis heute bewährt. Allerdings bekommt Andreas in letzter Zeit immer wieder auch einmal ein Brot in die Hand, um ihn daran zu gewöhnen. Andreas frühstückte bis zum Alter von 7;6 stets im Schlafanzug, der dann in die Wäsche kam, so daß er mit einwandfreier Kleidung in die Tagesstätte gehen konnte. Auch ein Lätzchen bekam er bis zu dieser Zeit um. Danach lernte er es, eine Serviette zu benutzen. Er beseitigt am Mund verkleckertes Essen auch durch Auffangen mit Gabel und Löffel.

Auch lernte er, Becher und Glas in einer Hand zu halten. Sein Frühstücksei erhält er geschält in einem kleinen Schälchen. Limonade aus Flaschen und Milch aus einem Topf kann Andreas sich selbst eingießen. Die gewachsenen feinmotorischen Fähigkeiten ermöglichen es, ihm Bananen, Brot und Kuchen nun in die Hand zu geben, ohne daß er sie zerdrückt.

Andreas meldet sich, wenn er Hunger oder Durst hat. Er kann sehr häufig etwas »vertragen«, wird aber oft enttäuscht, weil wir auf sein Körpergewicht achten müssen. Er kommt dazu in die Küche oder holt einen von uns dorthin und deutet auf das Gewünschte oder schaut in den Kühlschrank, ob dort etwas Eßbares zu finden ist. Zwar holt er sich Eßwaren und Getränke selbst herbei, er wartete aber bisher unsere Erlaubnis ab. Am Tisch nimmt er sich nur ganz selten spontan etwas aus der Schüssel, obwohl wir es zulassen. Erst mit 8;9 Jahren nahm er sich erstmalig in unserer Abwesenheit eine Banane, öffnete sie allein, schälte sie, warf die Schalen in den Mülleimer und aß sie auf.

Seit kurzem ist er auch ohne Aufforderung in der Lage, sich fehlende Besteckteile selbst aus der Schublade zu holen. Er unterscheidet sie inzwischen und kann nach Aufforderung im allgemeinen richtig den Tisch decken. Obwohl er schon sehr oft schmutziges Geschirr in den Abwasch gebracht hat, legt er jedoch benutztes Besteck oft wieder in die Schublade zurück.

Andreas ißt insgesamt gesehen recht sauber und manierlich, so daß wir mit ihm nirgends mehr Schwierigkeiten haben. Er braucht aber immer noch eine gewisse Kontrolle, damit er sich den Mund nicht restlos vollstopft oder sein Getränk nicht in einem einzigen langen Trinkvorgang hinunterstürzt. Er muß auch, obwohl er es zunehmend häufiger selbst bemerkt, ab und zu noch auf ein Verkleckern oder das Abwischen der Finger und des Mundes hingewiesen werden. Stetige Aufmerksamkeit verlangt auch seine Sitzhaltung. Ohne Kontrolle würde er auf dem Stuhl wohl ausschließlich im Schneidersitz sitzen. (Eine Erklärung, warum Down-Patienten so gern im Schneidersitz sitzen, konnte ich nicht finden. Vermutet wird, daß sie sich so bei ihrem geringen Muskeltonus ein Spannungsgefühl verschaffen.) Noch bis 8;0 konnte Andreas unglaubliche Mengen an Essen vertragen, so daß wir ihn stets bremsen mußten.

Seitdem aber beobachten wir eine stetige Abnahme der Eßmenge. Nachtisch läßt er aber nie stehen.

Süßigkeiten bekommt er wenig. Da er Bonbons noch nicht auswickeln kann (er übt es gerade), ist eine gute Kontrolle möglich.

Er kann Bonbons und Lutscher bisher nicht lutschen, sondern zerbeißt sie (hier kann er beißen!) und schluckt die Stücke hinunter. Seit einem halben Jahr schluckt er Kaugummi nicht mehr, sondern behält ihn im Mund. Um das Kauen zu fördern, und um ihn zum Schlucken des Speichels zu veranlassen, bekommt er häufiger welchen. Höhepunkte beim Essen sind ein Stück Kuchen oder ein Marmeladenbrot.

Wir vermuten, daß beim Trinken noch immer die Erlebnisse aus dem Heim nachwirken. Wie beschrieben gab es Getränke dort nur am Ende der Mahlzeit und in begrenzter Menge. Wenn Andreas nicht daran gehindert wurde (und schon unsere bloße Anwesenheit hinderte ihn), trank er jede bereitgestellte Flüssigkeitsmenge ohne Unterbrechung aus.

Die *Mutter* hat einmal versucht, eine Sättigung zu erreichen, indem sie ihn trinken ließ, soviel er wollte. Der Versuch mußte jedoch abgebrochen werden, weil er derart viel trank, daß sie gesundheitliche Schäden für ihn befürchtete. Andreas mußte regelmäßig zum Absetzen aufgefordert werden. War er aus irgendeinem Grund zunächst daran gehindert worden, wie gewöhnlich zu trinken, stürzte er das Getränk später mit großer Gier und ohne daß er durch Ansprechen gestoppt werden konnte, mit ängstlichen Seitenblicken auf uns hinunter. Offenbar brach dann wieder die Angst durch, nicht genügend zu trinken zu bekommen bzw. gleich trinken zu müssen, damit das Getränk nicht weggenommen werden konnte.

In der letzten Zeit können wir jedoch eine Abnahme der Trinkmenge und auch der Gier nach Flüssigkeit feststellen.

Entwicklung des Spielens

Spielen ist eine Form der Auseinandersetzung mit der Umwelt. Es ist Lernen, ohne daß dieses Lernen als Absicht vorhanden sein oder das Spiel bestimmen darf. Das freie Spielen nach eigenen Einfällen und Wünschen ist die eigentliche Betätigung des kleinen Kindes, und es hat große Bedeutung für die emotionale, kognitive und körperliche Entwicklung, doch lassen sich diese Bereiche nur gedanklich voneinander trennen: Auch im Spiel sind sie engstens ineinander verwoben. Ein Kind, das nicht spielt oder nicht spielen kann, aus welchen Gründen auch immer, ist somit in seiner Gesamtentwicklung entscheidend benachteiligt.

Das Spielen beginnt bereits nach dem Ende des Saugvorganges an der Mutterbrust, wenn das Kind mit der Zunge diese erkundet und so zugleich auch die erste Selbstwahrnehmung seines eigenen Mundbereiches macht. Es setzt sich fort in den vielfältigen Berührungen durch die Mutter im Zusammenhang mit der Pflege des Säuglings. Das Kind lernt so bald, daß es auf seine Umgebung einwirken kann, und es sucht und findet vielfältige Formen des Kontakts mit ihr. Die Entwicklung des Spielens setzt damit unabdingbar den engen Kontakt zur Pflegeperson voraus, mit ihrem zunächst scheinbar passiven Wahrnehmen, später immer deutlicher sichtbaren aktiven Reagieren und dann Agieren.

Spielen ist stets verbunden mit Freude und Vergnügen. »So wie es (Anm.: das Kind, der Verf.) den Kontakt mit der Mutter genießt, so wendet es sich schrittweise der weiteren Umgebung zu. Je mehr Rückkopplung es bekommt, um so größer ist seine Beteiligung und sein Drang, Neues zu erkunden und zu entdecken. Auf diese Weise entwickelt sich seine Neugier, die es zu immer neuen Entdeckungen, Wahrnehmungen und Begriffen von seiner Umwelt führt.« (*Murphy in: Flitner* (Hrsg.) 17, S. 199 f.).

Das, was das Kind zum Spielen treibt, wird in engem Zusammenhang mit der Neugier, dem Bedürfnis nach Spannung und Stimulation gesehen. Innerer Antrieb, Faktoren wie kulturelle oder gesellschaftliche Gegebenheiten, entwicklungspsychologische und emotionale Faktoren im engeren Sinne wirken zusammen. Das Spiel kann nur mit einem Gegenüber, einem menschlichen, später dinglichen »Partner« in Gang kommen. Wirkliches Spielen unterscheidet sich in dem mit diesem Gegenüber zustandekommenden »Funktionskreis« (*Buytendijk*) durch das, was mit Begriffen wie Freiheit, Selbstdisziplin, Spielethos, Hingabe und Gestaltung gekennzeichnet wird, vom Toben oder der Spielerei.

Eine der möglichen Einteilungen der Entwicklung des kindlichen Spiels nimmt *Paul Moor* vor (37, S. 47 ff.), in Benutzung der Einteilung der Wiener Psychologenschule.

Im *Funktionsspiel* etwa ab 0;3 beschäftigt sich das Kind vor allem mit sich selbst, indem es sich selber nachahmt. »Das Spielzeug, das wir dem Kind geben, spielt noch lange die Rolle des äußeren Anlasses; das Kind lebt im Funktionieren seiner eigenen Organe; geht ganz darin auf und genießt recht eigentlich sein Dasein . . .« (*Moor* 37, S. 48). Auch die Lautbildung erfolgt über dieses Spiel. Im zweiten Lebensjahr kommt das *Fiktions- oder Rollenspiel* hinzu. Die Anregung für das eigene Tun kommt nun von außen. Das hierbei durch willkürliches Ausdeuten des Spielmaterials stattfindende Nachahmen unterscheidet sich aber von dem Nachahmen beim Erwachsenen dadurch, daß es zweckfrei ist, auch wenn es um die gleichen Gehalte kreist. Das Kind klopft mit dem Baustein nicht, um wie der Erwachsene einen Nagel in den Boden zu treiben. Die Eigenart und Beschaffenheit des Materials spielt erst im *Konstruktionsspiel* ab dem dritten Lebensjahr eine Rolle, wobei das Kind die »Werkreife« bei den einzelnen Materialien zu recht verschiedenen Zeitpunkten erreicht. Das Bauen steht an erster Stelle. Das Neue dieser Phase ist die Verfolgung eines Zweckes, womit strenggenommen die Arbeit im Leben des Kindes beginnt. Die Werkreife gilt daher auch als ein Merkmal der Schulreife. Spiel ist Empfangen und Geben zugleich, und stand bisher das Empfangen stärker im Vordergrund, so tritt nun das Geben hervor. »Der Blick auf die Lebensaufgabe wird zum Führenden, während das Verspüren des Lebensinhalts zurücktritt« (37, S. 57). Und schließlich tritt das *Regelspiel* hinzu, das dort beginnt, wo das Kind im 6. und 7. Lebensjahr in Gemeinschaft mit anderen Kindern zu spielen beginnt. Zunächst werden überlieferte und daher leichter als bindend angesehene Regeln benutzt. Erst vom 10. Lebensjahr an werden die Regeln von den Spielern selbst gestaltet.

Wie verlief nun die Entwicklung bei Andreas? In den Berichten über die ersten 5 1/2 Jahre finden sich dazu nur dürftige Angaben:

2;0: »Er kann noch nicht sicher nach Gegenständen greifen; werden ihm diese in die Hand gegeben, hält er sie fest.«
(Entwicklungsbericht, Anlage 4).

2;2: ». . . greift nach vorgehaltenen Gegenständen.«
(Aktennotiz Amtsvormund, Anlage 5).

2;9: »Wirft erreichbares Spielzeug um sich.«
(Aktennotiz Amtsvormund, Anlage 5).

3;6: »Bei spielerischen Neckereien macht Andreas gern und gut mit.«
(Aktennotiz Amtsvormund, Anlage 5).

4;9: ». . . ist vergnügt und voller Schalk; räumt Spielzeugkisten gern aus und ein; läuft dem Pflegepersonal gern davon.« . . . »Noch kein Eigentumsgefühl entwickelt.«
(Aktennotiz Amtsvormund, Anlage 5).

Zum Zeitpunkt des Kennenlernens durch die *Mutter* (mit 5;6) beschäftigte sich Andreas die meiste Zeit mit Schaukeln, Kopfwiegen und anderen Stereotypien. Er hatte zwar einen Teddy, jedoch spielte er nicht damit, sondern warf ihn nur aus dem Bett. Das Pflegepersonal gab ihn zwar ab und zu zurück, da er aber immer gleich wieder hinausgeworfen wurde, gab man es bald auf. Der von Andreas auf diese Weise wohl geäußerte Wunsch nach Kontakt wurde somit nicht erfüllt.

Sonstiges Spielzeug besaß Andreas nicht. Spielzeug im Heim gehörte, wenn einmal vorhanden, grundsätzlich allen Kindern gemeinsam. (»Noch kein Eigentumsgefühl entwickelt.« Wie auch?).

Das von der *Mutter* dann mitgebrachte Spielzeug war Babyspielzeug für das erste Lebensjahr eines sich durchschnittlich entwickelnden Kindes: Rassel, Spielkugel, Spieluhr, Quietschtiere und Bälle. Besonders für Spieluhren entwickelte er eine Vorliebe, die noch heute anhält. Bauklötze durfte er nicht bekommen, weil man befürchtete, er könne beim Herumwerfen damit das Hydrozephalus-Kind verletzen.

Die *Mutter* mußte gegenüber dem Pflegepersonal erst einen zähen Kampf darum führen, Andreas diese Spielsachen überhaupt mitbringen zu dürfen. Man befürchtete Behinderungen beim Saubermachen und die Gefahr des Strangulierens, wenn die Sachen zum Verhindern des Hinauswerfens am Bett angebunden würden. Wenn Andreas krank war, brachte ihm die *Mutter* Seifenblasen mit und spielte mit ihm Fingerspiele, die sie auch aufschrieb und über seinem Bett an die Wand hängte, mit dem Erfolg, daß sich nun auch das Pflegepersonal ab und zu so mit Andreas befaßte. Das Personal hatte in der Regel keine pädagogische Ausbildung. Man konnte ihm aus der Nichtbeschäftigung der Kinder deshalb auch kaum einen Vorwurf machen.

Mit dem obengenannten Spielzeug konnte Andreas aber kaum spielen. Einzige Ausnahme war ein bruchsicherer Babyspiegel. Er begann aber im Gefolge der Fingerspiele allmählich mit seinem Körper zu spielen, den er dann auch durch die Besuche bei der *Mutter* und die damit verbundenen Übungen beim Waschen und Duschen (»Gib mir deine Hand!«) allmählich kennenlernte. Er begriff langsam, daß er Hände hatte und damit etwas bewirken konnte. (Auch hier wird wieder der doppelte Unsinn der Lederhandschuhe deutlich). Dies war wohl der Beginn des Funktionsspiels, das bis heute andauert.

Der Versuch, auch Luftballone und Kasperpuppen mitzubringen, wurde schnell aufgegeben, denn Andreas reagierte auf Kasperpuppen mit großer Angst und erschrak auch beim Platzen der Ballone sehr.

Während der Besuche bei der *Mutter* wurden zweimal täglich feste Beschäftigungszeiten eingeplant, damit Andreas lernte, wie er sich selbst beschäftigen konnte, und nicht nur herumsaß und schaukelte. So übte er z.B. das Zerreißen von Zeitungen, das Spiel mit Matsch und Fingerfarben sowie Ballspiele. Außerdem machte die *Mutter* mit ihm rhythmische Übungen nach Scheiblauer. Durch das Wohnen in der Tagesstätte hatte sie die Möglichkeit, deren Material und Räume zu benutzen. Die Scheiblauer-Materialien waren später auch die ersten Dinge, mit denen er sich allein zu beschäftigen begann, doch weniger im echten spielerischen Sinne, eher in stereotypen Formen. Wurde er nicht beschäftigt, konnte er stundenlang vor dem Spiegel in seinem Zimmer sitzen und schaukeln, wobei er stets noch mit der Hand auf den Boden schlug. Bei Laufen wurde er auch durch Nachziehtiere zur Vorwärtsbewegung angeregt.

Die häufige Anwesenheit der *Mutter* auf der Station, die allmähliche Entwicklung seiner motorischen Fähigkeiten und auch die Verbesserung seines Aussehens brachten ihm auch im Heim Vorteile. Er wurde gewissermaßen zum Vorführkind: Andreas brauchte die Lederhandschuhe nicht mehr zu tragen, er genoß mehr Bewegungsfreiheit auf der Station, indem er häufiger angezogen auf den Gang gelassen wurde, wo er oft in einer Ecke saß und einen Ball gegen eine Mauer rollte. Er durfte jetzt auch auf den Spielplatz mitgehen und, wenn die ZDLs es erlaubten, im Sand sitzen. Er warf dann mit Sand oder ließ ihn durch die Finger rieseln.

Im Sommerurlaub mit 6;0 bekam er von der *Mutter* eine Schubkarre, mit der er bald überraschend gut umgehen konnte. Oft warf er seinen Ball hinein. Er ging in dieser Zeit mit der *Mutter* auch ins Schwimmbad, hielt sich dort aber nur im Planschbecken auf und hatte Angst vor Wasserspritzern. Er ging nicht gern ins Wasser, was ein Widerspruch zu der sonst völlig fehlenden Angst vor Wasser war. Waren die Gründe dafür die Nacktheit und die ungewohnte Stimulation der Haut? Gemeinsames Bauen mit großen Bausteinen gelang in dieser Zeit. Andreas spielte auch mit großen Autos, die er auf die *Mutter* zurollen ließ. Er brauchte aber ihre Anwesenheit, allein spielte er fast überhaupt nicht. Vielleicht machte ihn das Erleben der neuen Situation (»Da ist jemand, der mit mir spielt«) passiver als erwünscht und ließ den Anspruch entstehen: »Wenn du da bist, dann tu etwas mit mir!« Im erwähnten Sommerurlaub wurde Andreas versuchsweise auch auf ein Dreirad gesetzt und gezogen, doch wollte Andreas dann überhaupt nicht mehr laufen, so daß die *Mutter* dies schnell wieder sein ließ. Er warf gern Stöcke und Steine in den Teich an der Tagesstätte, wollte oder konnte sie aber nicht allein aufheben. Das schaffte er erst mit 7;6. Wenn die *Mutter* sich beim Spazierengehen hinter einem Baum versteckte, suchte er sie nicht. Erst mit 8;3 ging er auf dieses Spiel ein.

Als Andreas ab 6;6 ganz bei der *Mutter* war, änderte sich sein Spielverhalten zunächst nicht. Er war nach wie vor unfähig, wirklich allein zu spielen. Das erste, womit er sich schließlich spielerisch auch allein beschäftigte, war der Ball. Zwar hatte er im Heim schon mit dem Ball allein gespielt, es bei der *Mutter* dann aber nicht mehr getan. Später folgte die Beschäftigung mit Instrumenten wie Mundharmonika und Flöte und schließlich das Spielen mit Tüchern, mit denen er wedelte und worunter er sich versteckte. Dieses Spiel wurde aber auch gemeinsam durchgeführt, z.B. als Gespenster-Spielen. Ein Verbinden der Augen ertrug er aber nicht. Von 6;9–7;0 war Andreas nach der Tagesstättenzeit und am Wochenende viel im Garten der Wohnung der *Mutter* und beschäftigte sich dort mit Fegen und Rechen. Die Nachbarskinder, etwa 10–12 Kinder in dieser Siedlung etwas außerhalb der Ortschaft, kümmerten sich bald gut um ihn. Sie behandelten ihn wie ein Kleinkind, setzten ihn auf die Wippe oder in den Sandkasten und nahmen ihn auf ihre Streifzüge durch die umliegenden Gärten oder auch zum Reiten mit. Zwei der älteren Mädchen besaßen Ponys.

Andreas lernte durch den Umgang mit diesen Kindern viel, und solange er mit ihnen zusammen war, schaukelte er auch wenig. Er begann langsam, mit den Gegenständen draußen (Stöcke, Steine, Sandspielzeug) etwas anzufangen, und wurde selbstbewußter.

Tagsüber besuchte er die Tagesstätte. Ab dem Alter von 7;6 kam Andreas in der Spielentwicklung weiter voran.

In seinem neuen Zimmer hatte er neben der schon erwähnten Hängeleiter großes und schweres Spielzeug (Holzauto, einen Baumstamm, große Holzklötze usw.), mit dem er nun auch allein zu spielen begann. Er wuchtete Auto, Spielzeugkisten und den Stamm herum, hämmerte mit Bauklötzen daran herum, schlug die Bauklötze gegeneinander oder warf damit, begann aber auch, Türme zu bauen und sie wieder umzuwerfen. Dabei schien ihn vor allem der dabei entstehende Krach zu interessieren.

Tobespiele traten gehäuft auf, und es schien, als ginge es ihm nun nicht nur um Kontaktaufnahme, sondern auch um Übung und Erprobung seiner wachsenden Körperkräfte. Zugleich aber gab es Phasen, in denen er sich auch einmal ein Bilderbuch nahm und darin herumblätterte. Mit Autos konnte er aber allein noch nicht spielen.

Mit den anderen Kindern im Haus gab es anfangs Schwierigkeiten. Sie lehnten ihn bis auf die bereits erwähnten Kinder der Aussiedlerfamilie ab, vertrieben ihn vom Spielplatz, warfen ihn vom Kletterturm, so daß er sich verletzte, und bewarfen ihn mit Sand. Die *Mutter* suchte daraufhin das Gespräch mit den Eltern, lud die Kinder zum Kaffee und zu gemeinsamen Spielnachmittagen ein und erreichte so mehr Verständnis. Auf diese Weise gewöhnten sich die Kinder allmählich an ihn und duldeten ihn. Er lief bei ihren Spielen mit ihnen herum und wurde auch ab und zu, z.B. bei Ballspielen, mit einbezogen. Oft schaute er ihnen aber nur zu.

Andreas wurde allmählich auch daran gewöhnt, allein auf dem (von der

Wohnung nicht zu kontrollierenden) Spielplatz zu bleiben und nicht wegzulaufen. Das erfolgte anfangs durch Verstärkung mit Schokoladenstückchen in 5-Minuten-Abständen, später konnten die Intervalle allmählich vergrößert werden. Mit 8;0 war er so weit, daß nur noch in größeren Abständen kontrolliert zu werden brauchte. Auf dem Spielplatz schaukelte, kletterte oder rutschte er und spielte im Sand.

Zu Weihnachten (7;6) erhielt er zwei Geschenke, die neue Beschäftigung einleiteten: Eine Taschenlampe und eine Gitarre. Nachdem er gelernt hatte, die Gitarre einigermaßen sachgerecht zu behandeln, saß er sehr oft davor oder hatte sie auf dem Schoß, klimperte darauf herum und sang oft lauthals »Lieder« dazu. Er liebt sie (bzw. ihre Nachfolgerin) noch immer heiß und innig. Zu Musik und zu Musikinstrumenten hat Andreas ein ganz besonderes Verhältnis. Bereits mit 6;0 war es für ihn ein großes Vergnügen, zu Musikveranstaltungen zu gehen. Auch das Anhören von Platten mit Liedern (z.B. Wiegenlieder aus aller Welt, Gitarrenmusik, lateinamerikanische Folklore) gehörte zu seinen Lieblingsbeschäftigungen. Oft fing er an, dazu zu tanzen, später forderte er auch uns zu gemeinsamem Tanz im Kreis auf. Heute ist er bei Musiksendungen (z.B. Hitparaden, Blasmusik, Lieder, Chöre) kaum vom Fernsehgerät wegzubringen. Zu seinen ihm liebsten Platten gehörten lange Zeit deutsche Volkslieder und Seemannslieder. In letzter Zeit tendiert er mehr zu Schlager- und Popmusik.

Im Auto verlangt Andreas stets energisch das Einschalten des Radios. Seine Musikinstrumente benützt er oft. Häufig bläst er darauf, während er tanzt oder herumhüpft, wobei er mit dem anderen Arm dirigiert. Das alles findet oft vor dem Spiegel statt, in dem er seine Posen aufmerksam beobachtet.

Manchmal sitzt er auch vor einer seiner Spielzeugkisten, singt sich laut etwas und klopft im Rhythmus mit einem Baustein an die Kiste. Nach dem Ende der Darbietung klatscht er sich oft selbst Beifall und fordert auch andere Anwesende dazu auf. Dann gibt er das Instrument an diese weiter und fordert sie zum Spielen auf.

Sehr oft benutzt er eines seiner Instrumente beim Schaukeln, indem er zu den Schaukelbewegungen bei der Vorwärtsbewegung darauf bläst. Er schaut dabei meist sehr fröhlich in die Gegend, so daß angenommen werden kann, daß ihm dies Freude bereitet.

Von seinem 7. bis 8. Lebensjahr machten wir noch eine andere Beobachtung. Wie berichtet, leidet Andreas unter erheblichen Schlafstörungen, die wir damals noch nicht in den Griff bekommen hatten. Wenn Andreas nun nach dem Zu-Bett-Bringen oder nachts wieder aufstand, konnte er oft so gut allein spielen, wie er das am Tag kaum je fertigbrachte. Häufig hatten wir uns den ganzen Nachmittag vergeblich darum bemüht. Kaum war er ins Bett gelegt, ging es. Manchmal legten wir ihn deshalb nur noch zum »Schlafen« ins Bett, um ihn so zum Spielen zu bringen. Besteht hier ein Zusammenhang mit dem anfangs an die *Mutter* gestellten Anspruch »Beschäftige mich«, der während der sogenannten Schlafzeiten dann wegfiel?

Bis vor kurzem befand sich Andreas beim Malen mit Filz- und Wachsstiften im Kritzelstadium. Inzwischen versucht er, waagrechte und senkrechte Striche zu malen und erzeugt dabei das Geräusch fahrender Autos.

Mit 7;9 beschäftigte sich Andreas zum erstenmal sinnvoll allein mit Fahrzeugen, indem er z.B. sein großes Holzauto mit Krach gegen andere Gegenstände fahren ließ. Seitdem benutzt Andreas Fahrzeuge auch anders. Er liegt oft in seinem Zimmer auf dem Boden, fährt die Autos hin und her und macht entsprechende Fahrgeräusche dazu. Seinen großen Kipper belädt er seit 8;9 mit allen möglichen Spielsachen und kippt anschließend alles wieder aus. Neu ist auch, daß er alle seine Fahrzeuge und die fahrbaren Spielzeugkisten zu einer langen Schlange hintereinanderstellt.

Ab dem Alter von 7;6 beobachten wir bei Andreas häufig Fiktionsspiele. Es begann damit, daß er von uns ausgeführte Reparaturen in der Wohnung mit seinem Spielzeug im Zimmer nachahmte. Die erste Beobachtung eines Rollenspiels machten wir auf der Autofahrt in den Urlaub mit 8;5. Wir hatten Andreas neben anderem Spielzeug einen als Tierkopf gestalteten Waschhandschuh ins Auto gelegt. Er zog ihn über die Hand, ließ ihn beißen, bellen, Gegenstände ergreifen usw. Er legte kürzlich auch einen Holzelefanten in eine Puppenwiege und deckte ihn zu.

Andreas hat noch immer große Schwierigkeiten, mit anderen Kindern zu spielen. Im Grunde setzt er sich nur zu Kleineren und Schwächeren hinzu und ahmt sie nach. Im Park gelingt ihm das jedoch nur, solange deren Eltern nicht eingreifen.

Mit 8;8 hatten wir ein schwerstbehindertes Mädchen zu Gast. Andreas legte sich ihm gegenüber auf den Boden, rollte ihm dann einen Ball zu (mit dem es nichts anfangen konnte), schließlich streichelte er ihm ganz vorsichtig über das Haar. In der Tagesstätte setzte er sich am liebsten zu einem ebenfalls schwerstbehinderten Jungen und ahmte häufig dessen Bewegungen nach. Er wehrt sich überhaupt noch nicht. Andere Kinder können ihm jederzeit das Spielzeug wegnehmen. Die einzige Reaktion ist, daß er zur *Mutter* läuft und sich weinend beklagt.

Er scheint noch immer keine Besitzvorstellungen und keine Wertvorstellungen in bezug auf sein Spielzeug zu haben. In seinem Zimmer tritt er noch darauf, wenn es ihm im Wege liegt, obwohl er es durchaus bemerkt.

Erst mit 8;9 beobachteten wir, daß er sich an ein Spielzeug erinnerte, das er in seinem oberen Zimmer hatte. Er lief nach oben und holte sich einen roten Gummireifen, mit dem er gern spielt.

30

31

32

33

Abb. 30: Mit 7;0 fuhr die Mutter mit Andreas an die Nordsee.
Andreas spielte bevorzugt im Sand.

Abb. 31: Spiel vor der Terrassentür (7;0).

Abb. 32: Am liebsten spielt Andreas noch immer mit der Mutter (8;6).

Abb. 33: Bauen: Türme werden errichtet bis sie umfallen (8;9).

Nimmt man die Summe aller dieser Einzelbeobachtungen, so wird erkennbar, daß Andreas auch im Bereich des Spielens vorangekommen ist. Die Phasen, in denen er sich sinnvoll allein beschäftigt, sind erheblich gewachsen, er kann mit Spielzeug etwas anfangen, er entwickelt zunehmend Phantasie. Schwierig ist es aber, ihn davon abzubringen, ständig nach Schallplatte, Radio oder Fernsehen zu verlangen. Oft kommt er in 5-Minuten-Abständen und »nervt« uns, daß wir es ihm endlich einschalten, und reagiert mit »lautem« Protestschaukeln, wenn wir immer noch hart bleiben, doch kann er uns damit auch nicht umstimmen. Das Fernsehen schaltet er sich inzwischen selbst ein und aus, nicht immer mit unserer Zustimmung. Bei Schallplatten hilft er sich auch manchmal selbst. Dabei gibt es Kratzer und Schrammen, aber wichtiger ist wohl der Versuch zu mehr Selbständigkeit.

Umweltorientierung und Umwelterleben

Das, was unter dieser Überschrift beschrieben werden soll, muß etwas genauer umrissen werden. Umwelt im eigentlichen Sinn ist nämlich viel mehr, als hier gemeint ist: Angefangen vom eigenen Körper über unbelebte Dinge, Tiere und Pflanzen alles bis hin zu den anderen Menschen. So gesehen hatte Andreas von Anfang an eine Umwelt, und zu ihr mußte er, um überhaupt leben zu können, notwendigerweise auch Beziehungen aufbauen und sich in ihr orientieren.

Hier aber ist mit Umwelt in wesentlich eingeschränkterem Sinn der äußere alltägliche Lebens- und Erfahrungsraum gemeint.

Auch in diesem eingeschränkten Sinn hatte Andreas eine Umwelt im Heim, die Beschreibung unter 2. aber macht wohl deutlich, welchen Einschränkungen er darin unterworfen war. Ziel der bewahrenden Pflege dort war es nicht, Umwelterfahrungen zu vermitteln, viel eher wurden Versuche zur Erlangung solcher Erfahrungen als Störung des reibungslosen Stationsbetriebes empfunden und daher möglichst unterbunden. Die Prüfung der Frage, welche Möglichkeiten Andreas dort gehabt hat und in der weiteren Zukunft gehabt hätte, seine Umwelterfahrungen zu vermehren, führt sehr rasch zu einem deprimierenden Ergebnis. So gesehen ist die Zuschreibung der Pflegebedürftigkeit eine der sich selbst erfüllenden Voraussagen. Es war kein Wunder, daß Andreas seine Umweltkontakte, seine nach außen gerichteten »Antennen« in der stimulationsarmen Wirklichkeit der Pflegestation abgeschaltet hatte.

Diese Deprivation (Beraubung) wurde durch die *Mutter* unterbrochen, und Andreas »saugt« seitdem alles an Reizen in sich auf, was er nur bekommen kann.

In den folgenden Ausführungen sollen einige Bereiche seiner Umwelterfahrung und seines Umwelterlebens angesprochen werden, soweit sie in den übrigen Punkten noch nicht erwähnt sind. Das bedeutet aber nicht, daß damit diese Umwelterfahrungen im engeren Sinne auch nur annähernd umfassend dargestellt werden könnten. Und außerdem sind wir durch Andreas' eingeschränktes Mitteilungsvermögen auf *unsere* Beobachtungen angewiesen, die möglicherweise mit dem, was Andreas erfährt und erlebt, nur sehr wenig Übereinstimmung haben können. Zudem hat er bestimmt in manchen hier nicht angesprochenen Bereichen auch schon Erfahrungen gemacht, ohne daß uns diese zugänglich sind.

In einem ersten Punkt wird über das Erkennen von Gefahren berichtet, danach folgt eine Reihe von Beobachtungen in einzelnen Umweltbereichen.

Erkennen von Gefahren

Das Erkennen und Vermeiden von gefährlichen Situationen wird bereits vom Kleinkind durch manchmal recht schmerzhafte Erfahrungen gelernt.

Bei Andreas fehlte dieser Lernprozeß bei seiner Entlassung aus dem Heim noch völlig.

Er zeigte ein sehr unterentwickeltes Tast-, Temperatur- und Schmerzempfinden. Selbst sehr heiße Gegenstände faßte er unbeeindruckt an. Er griff auf die heißen Platten des Elektroherdes, leckte sie auch mit der Zunge ab und zog sich dabei nicht unerhebliche Verbrennungen zu, ohne davon wesentlich beeindruckt zu sein. Erst nach mehreren derartigen Erfahrungen wurde er langsam vorsichtiger. Auch das Schmerzempfinden mußte erst langsam durch eine Vielzahl von (hier nicht wiedergegebenen) Erfahrungen aufgebaut werden.

Andreas hatte anfänglich nicht die geringste Angst vor Höhen. So sprang er, als er einmal kurzzeitig bei Freunden der *Mutter* war, die im zweiten Stock wohnten, ohne zu zögern aus dem Fenster, als er unten am Wagen die *Mutter* bemerkte. Glücklicherweise zog er sich nur einige Abschürfungen zu. Bei einer anderen Gelegenheit sprang er vom Balkon der Wohnung der *Mutter* im ersten Stock in den Garten. Er brachte es auch fertig, ohne jede Hemmung einfach eine Treppe hinunterzuspringen. Noch mit 7;10 konnten wir ihn nicht unbeaufsichtigt auf die Balkone unserer Wohnung lassen. In seinen Räumen mußten wir an Balkontür und Fenster zusätzliche Sicherungen anbringen, da er sie mehrfach geöffnet hatte und dann am offenen Fenster auf einem Stuhl stehend den Straßenverkehr und die Leute draußen beobachtete. Besonders kritisch war es, als er einmal vorher die *Mutter* durch Herumdrehen des Schlüssels auf dem Dachboden eingesperrt hatte und sie sich, während er so am Fenster stand, erst mit

Hilfe von der Straße wieder befreien konnte. Auch nach dem Anbringen der Sicherungen kletterte er noch hoch und hämmerte mit Spielsachen gegen die Scheiben, aber glücklicherweise nie kräftig genug.

Offenbar aber haben die Sturzerfahrungen inzwischen doch Wirkung gezeigt. Andreas zeigt heute schon deutliche Angst, wenn er nur von einem hüfthohen Mäuerchen springen soll. Meistens verlangt er Absicherung durch Festhalten an den Händen. Er bringt es aber inzwischen nach Übung wieder fertig, aus Höhen von 30–40 cm frei herunterzuspringen. Auf die Balkone können wir ihn jetzt bedenkenlos lassen, und auch die Fenstersicherungen sind nicht mehr erforderlich. Auf Treppen ist er sehr vorsichtig. Solche Treppen, bei denen man durch die Stufen hindurchblicken kann, traute er sich bis vor kurzem nur auf allen Vieren hinauf und ebenso vorsichtig hinunter. Eine Beobachtung mit 7;10 macht deutlich, welche Fortschritte er seither gemacht hat:

Andreas hatte vor der im Souterrain befindlichen Wohnung auf einem Parkplatz mit anderen Kindern gespielt, der etwas höher als die Wohnung lag und von dieser durch ein ca. 80 cm hohes Mäuerchen abgegrenzt war. Die Kinder liefen dann zum Haus zurück und sprangen von diesem Mäuerchen hinunter. Andreas hatte das Hinabspringen von der Mauer schon oft ohne jede Hilfe bewältigt. Diesmal aber zögerte er beim Springen, beugte sich vor und machte einen einwandfreien Kopfsprung auf den gepflasterten Untergrund. Er zog sich dabei lediglich eine Beule und eine kleine Schürfwunde zu.

Vor Wasser hatte Andreas nicht den geringsten Respekt. Er sprang, hielt man ihn nicht zurück, unabhängig von der Uferhöhe und der Wassertiefe in jedes Gewässer hinein. Mehrfach mußte er wieder herausgefischt werden. Noch im Alter von 8;0 mußte er bei Spaziergängen am Main fest an der Hand gehalten werden. Möglicherweise war es das Interesse an den spiegelnden Wasserflächen, das ihn so reagieren ließ. Bei dem Winterurlaub an der Nordsee mit 8;6 lief er im Watt noch immer gern auf das Wasser zu bzw. hinein, doch blieb er dann stehen und planschte nur mit den Füßen darin herum. An der Kaimauer hielten wir ihn fest. Bei den eisigen Temperaturen wollten wir es lieber nicht ausprobieren, wie weit er inzwischen war. Vielleicht wäre er aber wegen der gewachsenen Angst vor Höhen nicht gesprungen. Heute (mit 10;6) begegnet er dem Wasser mit angemessener Vorsicht.

Noch immer recht kritisch ist sein fehlender Respekt vor Kraftfahrzeugen. Da Andreas anfangs fast ausschließlich an der Hand lief, wurde diese Gefahr erst etwas später aktuell. Von 7;6 an wurde sie aber wegen der gewachsenen Lauffertigkeit und steigender Selbständigkeit zu einem Problem. Andreas wurde damals wie erwähnt daran gewöhnt, für kurze Zeiten auch allein auf dem großen Spielplatz zu spielen. Dieser Spielplatz war zwar von der Wohnung aus nicht zu überblicken, hatte aber sonst eine recht günstige Lage, weil er gut 200 m von der nächsten Straße entfernt war. Trotz regelmäßiger Überwachung und obwohl er sonst sehr ungern lief, gelang es ihm mehrfach, auf diese Straße zu kommen. Er stand dann mitten im lebhaften Verkehr und ließ sich auch vom Hupen der Autos nicht stören.

Auf dem Gelände der Tagesstätte gibt es keine Bürgersteige, da sie mitten im Park liegt. Mehrfach mußten wir beobachten, daß Andreas dort vor heranfahrenden und dann laut hupende Autos lief, ohne sich beeindrucken zu lassen oder Angst zu zeigen.

Jetzt läuft Andreas auf den Bürgersteigen in der Regel nicht mehr an der Hand. Er spielt auch, wenn ich vor dem Haus am Wagen etwas zu reparieren habe, frei auf dem relativ breiten Bürgersteig und verläßt ihn in beiden Fällen nicht. An Straßenkreuzungen aber passierte es bis vor kurzem immer noch, daß er ohne zu warten einfach auf die Straße lief.

Andreas fährt gern mit der Straßenbahn. Kürzlich nahm ich ihn mit zur Post, die auf dem Weg zur Haltestelle liegt. Andreas meinte wohl, es ginge zur Straßenbahn. Er rannte jedenfalls los, überquerte rennend eine Straße, bevor ich ihn einholen konnte, und reagierte selbst auf sehr lautes Rufen nicht.

Wir haben ihn in solchen Fällen schon mehrfach recht unsanft zu Boden oder auf den Bürgersteig zurück befördert, um ihm, da verbale Ermahnungen nicht ankommen, auf diese Weise Respekt vor der Straße und den Autos einzuflößen und vor lebensbedrohlichen Situationen zu bewahren. Es kann auch nicht in seinem Interesse liegen, aus Angst vor Gefährdungen in der Stadt nur noch an der Hand zu laufen. Und auf eine »echte« Erfahrung zu warten, scheint uns doch recht riskant.

Auch auf dem Spielplatz drohten Andreas früher erhebliche Gefahren. Er war z.B. unfähig, die Bewegungen eines Kindes auf der Schaukel abzuschätzen, und lief mit entsprechendem »Erfolg« in schwingende Schaukeln hinein. Diese Gefahr kennt er aber inzwischen.

Vor Feuer hat Andreas immer noch keine Angst. Er geht z.B. an Lagerfeuer sehr dicht heran, um Holz hineinzuwerfen, und offenbar ist durch den Reiz des Flammenspiels auch das inzwischen deutlich verbesserte Temperaturempfinden noch weitgehend ausgeschaltet. Beim Ausblasen von Kerzen und Streichhölzern hängt er mit dem Gesicht sehr dicht an der Flamme und versengt sich auch die Haare, ohne etwas zu bemerken.

Deutlich verändert hat sich sein Verhalten gegenüber Hunden. Früher ging er bedenkenlos selbst auf größte Hunde los, heute dagegen jagt ihm der kleinste Hund Angst ein, obwohl er, abgesehen vielleicht von einem Schreck bei einem plötzlichen Anbellen, unseres Wissens noch keine schlechten Erfahrungen mit diesen Tieren gemacht hat.

Die von einem Mitgehen mit Fremden ausgehenden Gefahren sind für Andreas noch absolut bedeutungslos.

Der einzige Weg, auf dem Andreas lernt, Gefahrensituationen zu vermeiden, war und ist, ihn entsprechende Erfahrungen selbst machen zu lassen.

Beobachtungen in verschiedenen Umweltbereichen

Räumliche Orientierung im engeren Wohn- und Lebensbereich

Andreas besitzt ein gutes räumliches Orientierungsvermögen. Schon auf der Station im Heim kannte er sich trotz der Einschränkungen seiner Bewegungsfreiheit recht gut aus. Bereits beim dritten Besuch in der Wohnung der *Mutter* reagierte er schon beim Einbiegen in das Parkgrundstück mit erregten Lauten. Während des Urlaubs im Bayerischen Wald wußte er schon nach einmaliger Benutzung, wo das Bad und sein Topf waren, und auch im Winterurlaub mit 6;5 fand er sich in dem geräumigen Haus einwandfrei zurecht. In für ihn neuen Gaststätten findet er nach einmaliger Benutzung der Weg zur Toilette allein und ebenso auf Anhieb den Ausgang.

In allen Wohnungen hatte er keinerlei Schwierigkeiten mit der Orientierung, auch nicht in den zwei Etagen, die wir jetzt bewohnen. Das gleiche trifft auch auf die Räume der Tagesstätte zu.

In der früheren Wohnung lief er ab und zu weg. Er verließ die Wohnung durch die Eingangstür, lief entweder in die Tiefgarage oder auf den Spielplatz oder stieg in den Fahrstuhl und vergnügte sich mit Hinauf- und Herunterfahren.

Auch vom Spielen vor der Terrassentür verschwand er ab und zu. Dieses Weglaufen hatte aber nichts mit fehlendem Orientierungsvermögen zu tun. Nicht selten kam er nach einer Weile allein zurück. Das Weglaufen tritt heute überhaupt nicht mehr auf. Wir brauchen deshalb keine Tür mehr zu verschließen und können ihn auch unbesorgt im Vorgarten am Haus spielen lassen. Auf dem Gelände der Tagesstätte kann er sich in den Nachmittagsstunden auch frei bewegen. Über einen Umkreis von etwa 100 m hinaus entfernt er sich aber nie vom Gruppenraum, obwohl er manchmal zwei Stunden allein spielt. Neuerdings fängt Andreas an, auch ohne uns von der unteren Wohnung nach oben zu gehen. Für sein oberes Zimmer hat er eine besondere Vorliebe entwickelt.

Verhalten in Wohnungen

Wesentlich schwieriger war für Andreas das Erlernen eines adäquaten Verhaltens im Wohnbereich und der angemessenen Behandlung von Einrichtung und Gegenständen darin.

Im Heim waren Andreas Schränke und Schubfächer, weil grundsätzlich verschlossen, nicht zugänglich gewesen. Gardinen gab es nicht. Auch Türen waren stets verschlossen und konnten nur mit einem besonderen Drücker geöffnet werden.

Es war daher nicht verwunderlich, daß Andreas in der Anfangszeit, zum Teil bis zum Alter von 8;0 in einer normalen Wohnumwelt erhebliche Schwierigkeiten hatte und ziemliche Schäden anrichtete. Noch mit 7;0 ertrug er z.B. keine Gardinen, weder in seinem Zimmer noch in anderen Räumen. Wenn es nicht verhindert wurde, hängte er sich daran und riß sie herunter, wobei es ihm aber nicht darum ging, daran zu spielen oder zu schaukeln. Das Schaukeln an Gardinen als Spiel trat mit 8;3 kurzzeitig auf, ist aber jetzt völlig verschwunden. Störten ihn die Gardinen, weil sie nicht in die bisher gewohnte Ordnung paßten? Dieses Verhalten war besonders bei Besuchen nicht unproblematisch und erforderte stetige Aufmerksamkeit. Eine andere Schwierigkeit war das Umwerfen und anfangs auch Zerstören von Blumen in Blumenvasen. Nachdem es mit 7;9 allmählich gelungen war, ihn zum Respektieren der Blumen im Zimmer seiner *Mutter* zu bewegen, gelang es mit 7;10 erstmalig, eine einzelne Blume in einer Vase auch in seinem Zimmer aufzustellen, nachdem sie ihm als ganz besonderes Geschenk und nur für ihn bestimmt angepriesen worden war. Ab 8;3 hat er das Vorhandensein von Blumen auch in seinem Zimmer akzeptiert. Anfangs benutzte er sie gelegentlich aber noch, um zu zeigen, daß er mit einer von uns getroffenen Maßnahme nicht einverstanden war. Dann faßte er, z.B. am Frühstückstisch, an die dort stehenden Blumen, als ob er sie umwerfen wollte, gab sich aber meistens damit zufrieden, daß er dadurch eine Reaktion bei uns bewirkte, und warf sie nicht um. (Wie programmiere ich meine Eltern!).

Abgesehen von diesen beiden Besonderheiten zeigte Andreas ein typisch kleinkindhaftes Experimentierverhalten, nur daß er aufgrund seiner Größe und Kräfte im Vergleich zum Kleinkind erheblich größeren Schaden anrichten konnte.

In seinem Zimmer konnte er sich frei bewegen und experimentieren. Das wurde ihm eingeräumt, um ihm Raum zur Befriedigung seines Bewegungsdranges und des Nachholbedarfes beim Experimentieren zu geben. Nur unter dieser Voraussetzung konnte von ihm in den übrigen Räumen allmählich ein angepaßteres Verhalten verlangt werden. In seinem Zimmer nutzte er diese Möglichkeit anfangs reichlich. Mehrfach zerlegte er dabei seine alten Schränke und sein Bett und warf auch einmal die Kommode so geschickt um, daß die *Mutter* ein Fenster einschlagen mußte, um in sein Zimmer zu kommen. Auch die Tapete bemalte er. Es blieb nicht aus, daß anfangs auch die übrige Wohnung unter seinem Tatendrang litt, bis er begriff, daß diese Dinge nur in seinem Zimmer erlaubt waren.

Im Wohnbereich der *Mutter* räumte er auch den Plattenspieler durch die Gegend und warf die Schallplatten herum, möglicherweise in dem Versuch, ihn in Betrieb zu setzen. Das alles ist auch durch fehlende Erfahrung im Umgang mit diesen Gegenständen zu erklären. Die *Mutter* hatte damals außer den technischen Geräten, Platten und ihren Büchern nichts besonders Wertvolles in ihrer Wohnung, so daß eine Schramme oder eine Filzstiftmalerei auf den Möbeln nicht allzu schlimm war. Andreas lernte es aber noch mit 7 Jahren weitgehend, solche Aktivitäten im Wohnbereich der *Mutter* zu unterlassen.

Er akzeptierte auch, daß seine *Mutter,* wenn sie zu arbeiten hatte, für eine gewisse Zeit nicht gestört werden durfte, und beschäftigte sich dann allein, indem er mit einer alten Schreibmaschine und mit Bilderbüchern, die in einem besonders dafür eingerichteten Fach im Bücherschrank der *Mutter* aufbewahrt wurden, ebenfalls »arbeitete«.

Auf spielerische Weise wurde der sachgerechte Umgang mit Möbeln (Schubladen und Türen auf und zu), aber auch das Bedienen von Lichtschaltern und Wasserhähnen eingeführt und so bald erlernt. Bis zum Alter von 8;0 räumte er immer wieder Schränke und Kommoden aus und ein. Seitdem aber ist dieses Spiel für ihn völlig uninteressant geworden.

Lichtschalter findet er sicher in jedem Raum in der Nähe der Tür. Bei der Suche danach wischt er aber noch regelmäßig mit der Hand über die ganze Wand, häufig deshalb, weil er überhaupt nicht hinschaut, sondern sich auf sein Tastvermögen verläßt. Noch heute nach über zwei Jahren weiß er nicht, welcher der Doppelschalter die Lampe zum Leuchten bringt, sondern probiert immer wieder neu.

Bei Wasserhähnen kennt er bis heute nicht den Drehsinn, sondern muß noch immer probieren.

Türen kann Andreas mit normalem Geräusch öffnen und schließen, doch legt er nicht immer Wert auf Geräuschlosigkeit. Wenn es manchmal zu laut geknallt hat und er eine Reaktion von uns befürchtet, öffnet er die Tür noch einmal und schließt sie dann leise.

Schlüssel kann er herumdrehen, doch zeigt er, abgesehen von dem erwähnten Fall, kein besonderes Interesse daran, so daß wir alle Schlüssel steckenlassen können. Das Einstecken von Schlüsseln in Schlösser gelingt ihm manchmal, bereitet ihm aber ziemliche Mühe. Auch Fenster kann er öffnen, doch ist sein Interesse daran völlig erloschen.

Umgang mit technischen Geräten und Mithilfe im Haushalt

Andreas kann inzwischen auch mit einigen elektrischen Geräten sachgerecht umgehen. Einen Hand- oder Bodenstaubsauger schaltet er ein und aus und saugt damit auch größere Flächen, wobei er Schmutz bemerkt und beseitigt. (Abb. 34)

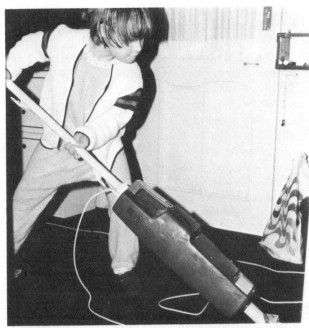

Abb. 34:
Der Sauger wird
im sicheren
Wechselgriff
gehalten. Hier
aber geht es
über die Schnur
(8;5).

Abb. 35:
Abwaschen (7;9).

Er kann nach dem Einschalten den Föhn allein halten und sachgerecht benutzen. Beim Kochen und Backen hält er nach dem Einschalten durch die *Mutter* den Mixer.

Er weiß, daß das Einstecken in die Steckdose für das Funktionieren erforderlich ist. In seinem Zimmer sind Plattenspieler und Radio an einer Steckdose angeschlossen, so daß bei einem Wechsel umgesteckt werden muß. Das Herausziehen bewältigt er in unserer Abwesenheit ohne Hilfe, das Einstecken gelingt aber noch nicht.

Plattenspieler und Fernseher in seinem Zimmer bedient er nun weitgehend allein. Er kennt den Zweck der Waschmaschine, hilft mit beim Ein- und Ausräumen der Geschirrspülmaschine und macht auch sonst eine Reihe kleinerer hilfreicher Handgriffe bei alltäglichen Verrichtungen in der Küche. Andreas kann auch recht gut allein Geschirr im Spülbecken abwaschen und es abtrocknen (Abb. 35). Er weiß auch, daß am Herd zum Kochen die Knöpfe gedreht werden müssen. Bereits in der ersten Wohnung hat er es – mit entsprechendem Erfolg – selbst getan. Dort »kochte« er eines Morgens unbemerkt Tee, indem er einen Topf nahm, Wasser hineinlaufen ließ, ihn auf den Herd stellte, eine ganze Tüte Tee hineinschüttete und mit einem Löffel umrührte.

Verhalten gegenüber anderen Erwachsenen

Abgesehen von der Anfangszeit der Besuche der *Mutter* im Heim hatte Andreas keine Schwierigkeiten, Personen zu erkennen und zu unterscheiden. Er läßt dies durch freudige Reaktionen bei der Begegnung mit ihnen erkennen. Ein recht gutes Gedächtnis hat er dafür, was irgendwelche Leute irgendwann einmal mit ihm gemacht haben.

So erinnerte er sich noch nach Jahren daran, daß die Leiterin der Tagesstätte ihn am Anfang einige Male auf die Knie genommen und Hoppe-Reiter mit ihm gespielt hat. Obwohl sie das seitdem nie wieder getan hat, versuchte er noch sehr lange, auf ihre Knie zu kommen und forderte sie, wenn es ihm einmal gelang, durch reitende Bewegungen zu diesem Spiel auf.

Er unterscheidet männliche und weibliche Personen. Das Toben versucht er in der Regel nur mit Männern. An Frauen hängt er sich zwar, doch artet es nicht in ein Toben aus. Zwischen dem Verhalten uns gegenüber und dem gegenüber anderen Erwachsenen ist ein klarer Unterschied zu bemerken, wie es sich beim Toben, aber auch am Befolgen von Aufforderungen ablesen läßt.

Er versucht immer noch wie zu den Anfangszeiten, alle Leute zu vereinnahmen, indem er sie in sein Zimmer holt und sie zum Spielen oder Toben auffordert. Es ist uns bisher noch nicht gelungen, etwas gegen diese Distanzlosigkeit zu tun. Nur unsere Anwesenheit, ein klares Verbot oder eine ausdrücklich ablehnende Haltung der Betroffenen können ihn von seinem Verhalten abbringen. Das Bedauerliche ist, daß Fremde, auch sonderpädagogisch ausgebildete Kollegen, durch ein Eingehen auf das »lustige, drollige Kerlchen«, das es ja »so schwer« hat, ihn in dieser Haltung verstärken, wenn sie ihn dann, ohne ihn näher zu kennen, auf den Schoß nehmen, mit ihm balgen oder schmusen. Weist man sie darauf hin, reagieren sie oft mit Unverständnis. Wenn Andreas aber größer ist, werden die gleichen Leute es absolut nicht mehr drollig finden, wenn sich Andreas ihnen dann ohne Hemmung an den Hals hängt oder auf ihren Schoß setzen will. Und das ist dann wiederum für Andreas nicht zu verstehen.

Natürlich hoffen wir, daß Andreas sich noch weiterentwickelt und von sich aus Ansätze zu mehr Distanziertheit hervorbringt. Es ist uns aber zu gewagt, uns darauf zu verlassen.

Verhalten gegenüber Kindern

Über die Zeit im Heim liegen uns keine Beobachtungen vor, doch ist anzunehmen, daß Andreas dort so gut wie keine Kontakte zu anderen Kindern aufgenommen hat. Das änderte sich auch nicht in der Übergangszeit und in der Anfangszeit bei der *Mutter*. Er ließ sich zwar von älteren Kindern bemuttern, doch ging er selbst wenig auf sie zu und machte von sich aus keine Spielangebote. Erst ab 7;4 änderte sich das langsam. Der Wunsch nach Spielgefährten wuchs mit etwa 8 Jahren. Auf dem Spielplatz ging er oft zu anderen Kindern hin und versuchte, mit ihnen zu spielen, doch wurde er in den meisten Fällen abgewiesen, weggeschubst oder wegen des fehlenden Sprachverständnisses nach einigen Versuchen nicht mehr einbezogen. Vielleicht auf dem Hintergrund dieser Erfahrungen sucht er heute besonders den Kontakt zu schwächeren und jüngeren Kindern. Auffallend ist dabei, wie fürsorglich er mit ihnen umgeht und welches Maß an sozialer Reife dabei sichtbar wird. Außerdem zeigen die Beobachtungen, in welchen Ausmaß er sich mit der Person der *Mutter* identifiziert.

Nach dem Psychosozialen Entwicklungsgitter von *Kiphard* (31, S. 65) erfüllt er nahezu alle Kriterien bis zur Obergrenze des Gitters im 4. Lebensjahr. Dafür einige Beobachtungen von vielen:

Andreas hatte Inge ein Bilderbuch weggenommen. Etwas später blickte er auf und sah, daß Inge nichts mehr hatte. Er ging zu ihr hin, brachte ihr eine Puppe, kehrte dann zum Bilderbuch zurück und schaute es weiter an.

Der behinderte Franz soll keine Tasse zum Spielen in die Hand nehmen. Als Andreas bemerkte, daß er es doch tat, drohte er ihm zunächst mit dem Finger, nahm ihm dann die Tasse weg und schlug ihm leicht auf die Hand. Dieser Vorgang wiederholte sich, als Franz die Tasse erneut nahm.

Ein etwa 2 1/2 Jahre alter Junge fiel auf dem Spielplatz hin und weinte. Die Mutter war etwas weiter entfernt. Andreas forderte zunächst das Kind durch Handbewegungen zum Aufstehen auf. Dann zeigte er mit den Fingern auf seine eigenen Augen (was bedeutet, er könne ja verstehen, daß das Kind weine). Als das Kind immer noch nicht aufstand, ging er zu ihm hin, faßte es an den Haaren und am Gesäß, stellte es auf die Füße und drohte ihm anschließend mit dem Finger, wie um zu sagen: Bleib jetzt stehen! Anschließend trat er etwas zurück und drohte erneut mit dem Finger. Der Junge weinte nun nicht mehr. Schließlich ging Andreas noch einmal zu ihm hin, streichelte ihm über die Wange, hob ein Stöckchen auf, gab es ihm in die Hand und ging dann weg (8;9).

Andreas sollte zum Arzt. Im Wartezimmer, in dem noch mehr Kinder waren, sah er sich ein Bilderbuch an. Ein neben ihm sitzender Junge von etwa 4 Jahren ärgerte ihn, indem er ihm seinen Finger in den Bauch bohrte, ihm die Füße auf den Schoß legte und ihn schließlich anspuckte. Da reichte es Andreas offenbar, und er spuckte zurück. Anschließend beschäftigte er sich wieder mit seinem Bilderbuch. Der Junge war zu seiner etwas entfernt sitzenden Mutter gelaufen, kam aber zurück und ließ ihn erneut nicht in Frieden. Da stand Andreas auf, legte sein Bilderbuch zur Seite, nahm den Jungen bei der Hand und führte ihn zu seiner Mutter. Danach ging er wieder zu seinem Bilderbuch zurück (8;8).

Einkaufen

Andreas hat seine *Mutter* von Anfang an beim Einkaufen begleitet. Bei den ersten Einkäufen mit 5;9 saß er im Einkaufswagen.

Auf die Fülle der Reize und die Musik im großen Supermarkt reagierte er zunächst verwirrt, ließ den Speichel stark laufen, schaukelte und »brummte«. Die *Mutter* ging daraufhin zunächst nur in kleinere Läden, die nicht eine derartige Reizflut boten, und hier verloren sich die Erscheinungen bald. Langsam konnte er dann an größere Läden gewöhnt werden.

Etwa von 7 Jahren an ging er recht gern einkaufen. Nun lief er auch an der Hand, doch mußte er festgehalten werden, weil er sonst gegen die Leute rannte, von der *Mutter* weglief oder sich vor spiegelnde Flächen, z.B. an Kühltruhen, setzte oder legte. Von dieser Zeit an warf er auch Dinge, die er erkannte und erreichen konnte, in den Einkaufswagen.

Mit 7;3 lernte er es, sich am Einkaufswagen festzuhalten. Zu diesem Zeitpunkt nahm er auch an der Wursttheke erstmalig ein Stück Wurst entgegen, doch aß er es anfangs nicht, sondern reichte es an die *Mutter* weiter. Heute ißt er diese Wurststücke, doch Bonbons in Apotheken usw. reicht er noch immer an uns weiter.

Den Kauf neuer Kleidungsstücke ließ er zu dieser Zeit passiv mit sich geschehen. Dennoch schien er Unterschiede zwischen Kleidungsstücken zu bemerken, wie die Beobachtungen beim Abholen im Heim zeigten.

Mit den Spielsachen in der Spielzeugabteilung konnte er kaum etwas anfangen. Er reagierte nur auf Bälle und spiegelnde Gegenstände.

Rolltreppen benutzte er von Anfang an gern, und vom 8. Lebensjahr an kommt er allein damit zurecht.

Vor Aufzügen hatte er anfangs große Angst, doch sie verlor sich noch mit 6 Jahren, und heute fährt er sehr gern darin. Er weiß auch, daß man den Aufzug per Knopfdruck holen muß, und tut dies allein.

Mit 8 Jahren wurde es in Supermärkten möglich, ihm kleine Aufträge zu geben, z.B. Joghurt, Butter oder Milch zu holen und in den Wagen zu legen. »Unfälle« gab es dabei kaum. Nur einmal räumte er unter seinem bereits beschriebenen Lachen ein Regal mit rund einem Dutzend Weinflaschen leer, die auf dem Boden zu Bruch gingen. Heute können wir Andreas den Einkaufswagen allein anvertrauen. Er schiebt ihn, zwar noch mit einigen Kurven, aber fast ohne irgendwo anzufahren, quer durch den gesamten Supermarkt. Er beginnt auch, die Einkäufe an der Kasse auf das Band zu legen, und fährt anschließend den Wagen auf den Abstellplatz zurück.

Auf dem Heimweg trägt er auch schon einmal eine Tüte mit leichteren Einkäufen, wenn auch nicht sehr willig.

Verhalten im Auto und in anderen Verkehrsmitteln

Andreas fuhr von Anfang an gern mit dem Auto.

Abgesehen von den Erscheinungen, die er mit 6 Jahren beim Zurückbringen ins Heim hatte, haben sich dabei keine besonderen Auffälligkeiten ergeben. Nur schaukelte Andreas bis zu 8 Jahren fast ununterbrochen, wobei er wie beschrieben oft den Spiegel in der Hand hielt, durch den er die vorbeifliegende Landschaft beobachtete.

Dann hörte das Schaukeln langsam auf, und Andreas begann, auch ohne Spiegel interessiert nach draußen zu blicken. Heute schaukelt er fast gar nicht mehr. Er nimmt Blick- und Winkkontakte zu anderen Autofahrern auf, winkt überholte oder überholende Fahrzeuge an uns vorbei. Es ist auch deutlich zu sehen, daß sein Blick nun an interessanten Landschaftsdetails oder Tieren auf der Weide hängenbleibt, wobei er sich oft sogar umdreht, um sie durch die Heckscheibe weiter zu beobachten. Das Ein- und Aussteigen bewältigt er allein, nur mit dem Öffnen der Tür hat er Schwierigkeiten, dafür knallt er sie ohne Probleme sehr gern zu. Türhebel und Fensterkurbeln läßt er während der Fahrt jetzt in Ruhe, nachdem er noch mit 8 Jahren mehrfach während der Fahrt die Tür geöffnet und durch das von ihm geöffnete Fenster seine Schuhe auf die Autobahn hinausgeworfen hat. Auch das Herumwerfen von Spielsachen im Auto hat fast aufgehört.

Beim Transport mit dem Schulbus von der Schule zur Tagesstätte wird leider auf seine Fähigkeiten zum Ein- und Aussteigen und dem selbständigen Tragen seiner Tasche keine Rücksicht genommen, sondern er wird hinein- und herausgehoben, was er natürlich gern mit sich geschehen läßt.

Das selbständige Ein- und Aussteigen bei Straßenbahnen gelingt ihm ebenfalls, er drückt aber noch nicht allein auf die Knöpfe zum Öffnen der Tür. Auch auf den Bürgersteig geht er nach dem Aussteigen noch nicht allein. Bei der Bedienung des Fahrscheinautomaten an der Haltestelle durch uns freut er sich. Offenbar also weiß er, daß das etwas mit dem Straßenbahnfahren zu tun hat.

Verhalten auf Spaziergängen

Anfangs war Andreas von der Anstrengung des Laufens so in Beschlag genommen, daß er außer dem Wedeln mit dem obligaten Zweig keine weiteren Aktivitäten entwickelte. Etwa vom 8. Lebensjahr an änderte sich das, besonders in der freien Natur. Andreas löste sich zunehmend von der Hand. Das auslösende Moment dafür war wohl, daß wir uns weigerten, ihm weiterhin einen Zweig abzubrechen. Er ging daraufhin zu den Büschen hin, stellte sich fragend und fordernd davor und zerrte auch selbst daran, meistens ohne Erfolg.

Schließlich begann er, auf dem Weg liegende Zweige aufzuheben, wobei wir ihn anfänglich darauf hinweisen mußten, weil er sie nicht wahrnahm. Etwas später fing er an, verschiedene gefundene Zweige zu vergleichen und nur den besser Gefallenden mitzunehmen. Ganz allmählich löste er sich dann von den Zweigen und begann, auch Stöcke aufzuheben und anstelle von Zweigen mitzuführen.

Mit 8 1/4 Jahren fing er an, sich seine Wege im Wald selbst zu suchen und Hindernisse zu überwinden. Auch der Abstand, den er zwischen sich und uns ließ, vergrößerte sich.

Er nahm nun auch andere Gegenstände in die Hand und fing an, damit an Baumstämmen herumzukratzen und herumzuhämmern. Schließlich kletterte er sogar über dicke Baumstämme hinweg, bezwang Holzstapel, die ihm im Wege waren, und wühlte sich durch dichte Gebüsche. (Abb. 36)

Er beschäftigt sich auf Spaziergängen im Freien heute völlig allein. Dabei nimmt er viel mehr wahr als früher. Flugzeuge, Vögel, Tiere, interessante Dinge am Wege, andere Spaziergänger, Hochsitze usw. interessieren ihn, und er muß möglichst viel davon erkunden und genau betrachten.

Nach dem Umzug mit 8;0 kommt Andreas auch häufiger in das Stadtzentrum. Auch hier zeigt er sich sehr interessiert, schaut in jedes

Abb. 36:
Diese Aufnahme
zeigt Andreas,
als er sich
zum erstenmal
im Wald
hinsetzte und
mit einem Stück
Baumrinde zu
spielen anfing
(8;3).

Abb. 37:
Die Unter-
nehmungslust
wächst ständig
(9;7).

Schaufenster und will auch keins der für Kinder vor einigen Geschäften aufgestellten Geräte auslassen. Anfangs brauchte er noch weitgehend die Hand, wenn er sich in dichteren Menschenmengen bewegte, weil er sich so schnell nicht auf Ausweichmanöver einstellen konnte, aber langsam bemerkte er »Hindernisse« etwas zeitiger und versucht auszuweichen. Häufig aber war er durch irgendetwas Interessantes so abgelenkt, daß er mit dem Kopf nach hinten lief und dann natürlich vorne nichts sah. Inzwischen kommt er selbst in dichtem Gewühl allein gut zurecht.

Von Straßenbahnen und Autos ist er fasziniert, auch wenn er nicht mitfahren darf. An belebten Straßen kann er lange stehen und dem Verkehr zuschauen. Er verfolgt die Fahrzeuge bis in seine Nähe, winkt sie dann mit einer steifen Bewegung des Unterarms bei seitlich geneigtem Kopf an sich vorbei, macht dabei seine Begeisterungslaute und konzentriert sich dann auf das nächste herankommende Fahrzeug.

Der Reiz der Fahrzeuge für ihn steigt mit wachsender Fahrgeschwindigkeit. Besonders große Begeisterung lösen laut knatternde Mopeds oder Motorräder aus.

Unbilden des Wetters bemerkt er kaum. Nur wenn es stärker regnet, verzieht er das Gesicht und hält die Hände über den Kopf; bzw. setzt sich seine Kapuze auf.

Zeitbegriffe

Andreas hat nach unseren Beobachtungen noch keine Vorstellung vom Jahresablauf. Er erinnert sich aber an die verschiedenen Feste, wenn die Vorbereitungen dazu getroffen werden. Seinen Tagesablauf in der Woche und am Wochenende kennt er aber im großen und ganzen, wie an manchen kleinen Beobachtungen abzulesen ist. Er dürfte auch eine ungefähre Vorstellung von der Bedeutung der Begriffe »gleich«, »nachher«, »heute abend« und »morgen« haben. Die Uhr sagt ihm nichts.

Kürzlich machte die *Mutter* eine interessante Beobachtung. Der Weg zur Schule führt an einem Festplatz vorbei, wo seit einigen Tagen eine Kirmes vorbereitet wurde. Als Andreas es zum erstenmal bemerkte, sagte ihm die *Mutter,* daß es noch 5 Tage dauere, und zeigte ihm gleichzeitig die fünf Finger einer Hand. An jedem folgenden Tag wurde die Verringerung um einen Tag sprachlich und durch Wegnahme eines Fingers der gezeigten Hand ausgedrückt. Am letzten Tag vor der »Inbetriebnahme« tippte Andreas der *Mutter,* noch bevor sie etwas sagen konnte, auf die Schulter und hob den Daumen der einen Hand. Die *Mutter* bestätigte, daß es nun noch einen Tag dauern würde. Auf der Rückfahrt am Nachmittag wiederholte der Vorgang sich.

In diesem Zusammenhang sei erwähnt, daß Andreas zu dieser Zeit im Rahmen des Förderprogramms die Unterscheidung »eins« – »viele« übte.

Besuch von kulturellen Veranstaltungen

Andreas besucht zusammen mit uns häufig kulturelle Veranstaltungen, z.B. Konzerte verschiedener Art, Folklore-Abende, Theatervorstellungen und Ballettabende; kürzlich ging er auch zum erstenmal ins Kino. Bei der Auswahl der Veranstaltungen werden seine Interessen natürlich berücksichtigt.

Wenn wir Andreas sagen, daß es »morgen« oder »heute abend« zu einer solchen Veranstaltung geht, freut er sich sichtlich, und er fängt an, in früheren Veranstaltungen Gesehenes nachzuspielen, z.B. Tanz, Dirigieren, Trommeln usw.

Am Veranstaltungsort kann er den Beginn kaum abwarten. Geht es dann endlich los, ist oft ein kurzer Begeisterungs-Brüller nicht zu verhindern. Dann aber sitzt er ruhig an seinem Platz und verfolgt das Geschehen gebannt. Er klatscht mit den anderen Leuten und fordert uns auch zum Klatschen auf, wenn wir, weil uns etwas nicht ganz so gefallen hat, mit dem Beifall etwas sparsamer sind. Zwischen den einzelnen Darbietungen macht er in der Stärke des dann gezeigten Beifalls deutliche Unterschiede.

Selbst bei lang andauernden Veranstaltungen zeigt er keinerlei Müdigkeit und protestiert, wenn wir meinen, es sei nun wirklich spät genug zum (vorzeitigen) Gehen. Durch sein angepaßtes Verhalten hat es bisher noch keinerlei Schwierigkeiten mit anderen Besuchern gegeben. Oft freuen sich diese an seiner Begeisterung. Wir meinen, daß diese Erlebnisse für Andreas genausoviel bedeuten wie für uns.

Auch in diesem Zusammenhang ist wieder sein erstaunliches Orientierungsvermögen zu beobachten:

Benutzen wir zum Beispiel die Autobahn in Richtung Wiesbaden, auf der wir mit ihm zur Jahrhunderthalle Höchst gefahren sind, ist er erst ganz begeistert und verfällt sichtbar in Trauer, wenn wir an der Autobahnabfahrt vorbeifahren. An einer bestimmten Stelle einer Durchgangsstraße fragt er stets, ob wir auf den von dort aus nicht sichtbaren Rummelplatz gehen.

Unter »kulturellen Veranstaltungen« sei auch der Rummelplatz erwähnt, für den sich Andreas regelmäßig sehr begeistert. Auch hier sind Fortschritte in der Verselbständigung zu vermerken. Andreas kann nun schon allein in die Fahrzeuge des Kinderkarussels klettern und hält dabei seinen Fahrchip fest. Er kann Elektroautos für Kinder lenken und im Grunde auf allen Kinderkarussels nun allein fahren. Bis zum Alter von 8;3 mußte immer die *Mutter* mitfahren, weil er sich nicht ausreichend festhalten konnte oder die Gefahr des Herausspringens bestand.

Verständigungsmöglichkeiten

Die vorstehenden Ausführungen haben sicher schon sehr deutlich gemacht, daß sich Andreas mit seiner Umwelt verständigen kann. Diese Verständigung läuft aber nur zu einem kleinen Teil über das üblichste Verständigungsmittel Sprache ab.

Ohne damit die nichtverbalen Verständigungsmöglichkeiten abwerten zu wollen, muß es doch unser Ziel sein, ihn auf dem Gebiet der Sprache noch so weit zu fördern, wie das bei allen Versäumnissen möglich ist.

Nach *Rett* (42, S. 71) ist beim Down-Syndrom eine »Sprachentwicklungshemmung obligates Symptom«. Es würde hier zu weit führen, die vielen Veröffentlichungen auszuwerten, die sich mit den Gründen für eine verzögerte Sprachentwicklung befassen. Nur ganz allgemein sei erwähnt, daß ein sehr enger Zusammenhang mit der Entwicklung der Gesamtmotorik und auch der Bedeutung der Entwicklung der Dominanz gesehen wird. Die Bedeutung der emotionalen Entwicklung auch für diesen Bereich liegt auf der Hand.

Nach der Aussage von *Arnold,* zitiert bei *Wilken* (61, S. 40 f.) korreliert die Sprachentwicklung mehr mit dem Entwicklungsalter als mit dem chronologischen Alter. Wenn das zutrifft, ist *Retts* Aussage über die Zeitbarriere am Ende des 2. Lebensjahres für die Entwicklung des freien Laufens als Voraussetzung für die Sprachentwicklung noch vorsichtiger zu interpretieren, als er selbst es schon tut. Einen direkten Zusammenhang zwischen der Intelligenz und dem Ausmaß der Sprachbeherrschung verneint *Wilken*. Zu den aus der allgemein beeinträchtigten Gesamtentwicklung stammenden hemmenden Faktoren kommen nach *Rett* bei Down-Patienten noch psychogene Momente hinzu, die die Sprachbereitschaft lenken, fördern oder verhindern.

Bei Andreas müssen wir eine ganze Reihe beeinträchtigender Faktoren feststellen:

Insgesamt unzureichende emotionale Entwicklungsmöglichkeiten und damit auch motivationale Hemmungen.

Schwere Beeinträchtigung der motorischen Entwicklung. (Andreas saß erst mit 2;0 bis 2;6. Er erlernte das Laufen erst mit 5 Jahren. Bis zum Alter von 6 Jahren aß er nur Breinahrung.).

Beeinträchtigung des Hörens.

Eingefahrensein auf den Gebrauch von Gestik und Mimik.

Nicht vorhandene Dominanz.

Der Bereich der Sprache ist derjenige, in dem Andreas seit seiner Entlassung aus den Heimen den geringsten Fortschritt gemacht hat. Er spricht spontan nur ganz selten, wenn man darunter den Gebrauch der ihm zur Verfügung stehenden Wörter meint. Schon häufiger verbindet er die Gesten, mit denen er sich weitgehend behilft, mit irgendwelchen Lauten, wie um uns darauf aufmerksam zu machen. An manchen Tagen spricht er so gut wie überhaupt nichts, weder Laute noch Wörter, an anderen Tagen ist das wieder besser. Dennoch kommt er über die Verwendung von 10 Wörtern täglich (Wiederholungen mitgezählt) kaum hinaus. Lautäußerungen sind häufiger. Im Laufe der Zeit hat er einige Einwortsätze, an einem Tag auch einmal einen Zweiwortsatz benutzt. Sie sind nachstehend mit einigen Erläuterungen aufgeführt. Er benutzt diese Wörter aber nicht regelmäßig. Bestimmte Wörter kommen häufig, andere überhaupt nicht mehr vor. Zeitweise schweigt er dann wieder völlig. Wir haben aufgrund von Beobachtungen den Eindruck, daß er die hier aufgeführten Wörter durchaus beherrscht, vielleicht sogar viel mehr Wörter, als wir annehmen. Die von ihm bisher benutzten Wörter sind:

> *»Auto«:* trat nur in der Anfangszeit auf.
>
> *»Mama«:* tritt nur gelegentlich auf.
>
> *»Ball«:* oft auch »balla«.
>
> *»Bett«:* Dieses Wort trat nur einmal mit 7 Jahren auf, als ein neues Kind der Tagesstättengruppe in ein Bett gelegt wurde und Andreas unbedingt zu ihm ins Bett wollte.
>
> *»bil«, »bille«, seltener: »bitte«:* tritt insgesamt häufig auf.

> *»ja«:*

Andreas sagt diese Wort schon recht lange. Bis zu 8 Jahren trat es außer in der ursprünglichen Bedeutung auch noch in einem anderen Zusammenhang auf:

Wenn wir mit ihm gehadert, ihm etwas verboten oder entzogen hatten, war ein lautes, manchmal unwillig klingendes »ja« – oft mit einer Verzögerung bis zu etwa 2 Minuten – das Zeichen dafür, daß unsere Kritik angekommen und akzeptiert worden war.

Mit 8 1/2 Jahren übten wir mit ihm verstärkt das Antworten mit »ja« auf Fragen wie z.B. »Willst du noch Pudding«? Dabei probierte er ziemlich regelmäßig erst alle Antwortmöglichkeiten durch, spielte den Leidenden, indem er den Kopf mit schmerzhaft verzogenem Gesicht in die Hand stützte, die Arme nach hinten oder über die Stuhllehne steckte (eine für ihn typische Verweigerungshaltung) oder sich auch den Mund zuhielt. Nur in einigen wenigen Fällen kam schließlich die gewünschte Antwort. Lieber nahm er das Verschwinden des geliebten Puddings in Kauf, als dieser Aufforderung nachzukommen. Manchmal aber (wir hatten den Eindruck: wenn er nicht erst darüber nachdachte!) kam das »Ja« ohne Zögern.

Oft tritt auch ein von ihm verlangtes Wort so ganz nebenbei etwas später auf, wenn wir den Versuch, es von ihm zu hören, bereits aufgegeben haben.

»*lala*«: Das Wort wird als Sammelbezeichnung für alles benutzt, was Töne von sich gibt.

»*apel*«, auch: »*ampel*«: Benutzung vom 8. Lebensjahr an. Andreas gebraucht diese beiden Wörter in wechselnder Bedeutung. Er zeigt dabei häufig auf sich (Andreas), auf den Verfasser der Arbeit (Albrecht), auf die Küchenleuchte (Lampe), er benutzt das Wort aber auch als Allerweltswort für andere Sachen, die er ausdrücken oder haben will, häufig ausprobierend, ob dies das Wort ist, das wir von ihm erwarten.

»*Lampe*«: Andreas sagte es nur einmal!

»*übel*«, auch: »*übal*« und »*öbal*«: Dieses Wort trat erstmalig mit 8 1/2 Jahren beim Wunsch nach Einschalten des Fernsehers auf. Es ist seitdem zu einem Allerweltswort geworden.

»*oh-ah*«: Das ist der verbale Ausdruck für Begeisterung. Diese beiden Silben sind einer der gesichertsten sprachlichen Ausdrücke bei Andreas.

»*Müll*«: Das erstmalig mit 8 1/2 Jahren benutzte Wort wurde nur einige wenige Male benutzt.

»*Uhr*«: Beim Kauf einer neuen Spieluhr hat Andreas dieses Wort nachgesprochen und auch in den nächsten Wochen mehrfach benutzt (8;6). Zur Zeit tritt es wieder überhaupt nicht mehr auf.

»*Brille*«: kam nur einmal vor.

»*Ebra*«: Bedeutung: Zebra.

»*da*«: Dieses Wort tritt gelegentlich mit deutlich hinweisender Bedeutung auf, in letzter Zeit gehäuft.

»*mh*«: Dies ist ein Begeisterungslaut, der sich auf das Essen bezieht, häufig verbunden mit Streicheln des Magens.

»*mil*«: Das bedeutet Milch. Es war lange Zeit das von Andreas am regelmäßigsten gesprochene Wort und brachte den Wunsch nach Milch zum Ausdruck.

Etwa ab Mitte Januar weigerte er sich aber, es zu sagen. Er benannte Milch unbeirrbar mit »öbal« (s. oben), sagte es immer wieder, mit steigendem Nachdruck, verstärkt durch fordernde Gesten. Als wir nicht reagierten, machte er seine Leidensgebärden, verweigerte am Ende der Mahlzeit das Zureichen des Tellers und das Mahlzeit-Sagen. An einem der folgenden Tage haben wir ihn bei der Verweigerung dieses Wortes in sein Zimmer geschickt. Er kam bald zurück, setzte sich an den Tisch, formte mit den Lippen stumm ein »M« und bekam daraufhin Milch.

»*Ei*«: Das Wort tritt aber nur selten auf.

»*na*«: Das könnte »nein« bedeuten, da es stets recht unwillig gesprochen wird, es tritt aber auch in Situationen auf, wie sie unter »ja« beschrieben sind. Als einziger Zweiwortsatz trat bisher auf:

»*bitte mil*«: Andreas benutzte ihn mit 8 1/2 Jahren mehrfach, seitdem ist er aber nicht mehr aufgetreten.

Die Beobachtungen zum Wort »mil« zeigen eine der Hauptschwierigkeiten bei Andreas auf. Ein Wort ist absolut sicher da, aber er spricht es nicht, er verweigert es besonders dann, wenn es von ihm erwartet wird. (Besteht hier vielleicht ein Zusammenhang mit einer Trotzphase?).

Einerseits wissen wir, daß Andreas mehr kann, als er zu erkennen gibt. Wir wissen auch, daß wir uns nicht auf Gesten und Mimik oder auf die Verwendung der Allerweltswörter wie »übel« und »ampel« einlassen dürfen, denn wie soll Andreas sonst die Notwendigkeit sprachlicher Differenzierung erkennen. Was aber tun, wenn er sich verweigert, abblockt, verstummt?

Neben den oben angeführten als Wörter erkennbaren Lautfolgen ist noch eine ganze Reihe weiterer Laute und Lautfolgen aufzuführen, die nicht in dieser Weise benutzt werden. Das bedeutet nicht, daß sie nicht in bestimmten Situationen gehäuft auftreten, also für Andreas auch irgendeine Bedeutung haben. Wo für uns eine solche Bedeutung erkennbar ist, wird sie kurz beschrieben.

Die Niederschrift der Lautfolgen erfolgte nach der Auswertung einer Reihe von Tonbandaufnahmen.

Kurze Knurr- und Grunzlaute (traten besonders in der Anfangszeit auf, jetzt seltener)

e – na – e – na – mel – la – el

e – a – a – a –a

m – m

uu

hn (langgezogen: Beigeisterungslaut)

Bell-Laute wie ha, he (Nachahmung des Bellens von Hunden)

hechelnde Leute

walda – walde – balda – batte – bette – bitte – . . batta – betta

Diese Folge kommt häufig, wenn er einen Wunsch hat oder z.B. das Frühstück durch Mahlzeit-Sagen beenden will. Er hebt dabei dann die Arme und will uns die Hände geben.

ii (auch: i – i)

m – mena – mena

ö – a – ö – a – ü – a

mi – mi – bi

ma – ma – ma

hau – bil

m – bille – bille – bil (wohl: bitte)

ha – la – fa

eh!

laa – laa

ai – jai – ja

di – di – di – di – di (Nach Kritik von uns häufig geäußert, wie wenn er für sich noch einmal bestätigen wollte, daß etwas unerlaubt ist).

Eine Auswertung dieser Zusammenstellung von Wörtern und Lautfolgen zeigt, daß alle Vokale vorhanden sind. Bei den Konsonanten ergeben sich jedoch Lücken: (In Klammern: ansatzweise da.)

		Explosivlaute	Reibelaute	Verschluß-/ Nasallaute
I.	Zone (Lippen)	(p)	(f)	–
II.	Zone (Zungenspitze)	(t)	s, sch, Zungen-r	–
III.	Zone (Zungengrund, Gaumen)	g, k	ch, Gaumen-r	ng

Andreas befand sich einige Zeit in der Behandlung eines Logopäden, Fortschritte waren für uns jedoch nicht erkennbar.

Hier soll noch eine Übersicht über Aufforderungen und Äußerungen wiedergegeben werden, die von Andreas normalerweise auch ohne Gesten verstanden werden. Diese Übersicht kann nicht vollständig sein, sie vermittelt aber doch vielleicht einen ungefähren Eindruck vom Umfang seines Sprachverständnisses. (»Bitte« ist jeweils weggelassen, wird aber regelmäßig benutzt).

Die Aufforderungen werden im allgemeinen in gleicher sprachlicher Form gestellt.

Zieh deine . . . aus/an. (Jacke, Pullover, Hose, Stiefel, Schuhe, Hausschuhe, Schlafanzug)
Zieh dich aus.
Zieh deine Hose hoch.
Häng deine Tasche/Jacke auf.
Hol deine Jacke/Tasche/Hausschuhe.
Geh nach unten/ . . runter.
Bleib hier stehen.
Mach das Licht in . . . aus/an. (Bad, Küche, Flur, Zimmer)
Mach die Tür auf/zu.
Setz dich auf deinen Platz.
Steh auf.

Komm, komm her.

Warte.

Geh. Geh nach oben, . . . ins Bad, . . . in dein Zimmer.

Komm essen, . . . frühstücken.

Leg die Gabel, den Löffel hin.

Setz ab.

Mach deinen Mund leer.

Gib mir deinen Teller.

Stell den Teller/das Schälchen zur Seite.

Leg deine Hand auf den Tisch.

Tu die Füße runter.

Putz deinen Mund/deine Finger ab.

Möchtest du trinken? (Antwort meist durch Gesten)

Was willst du? (Antwort meist durch Gesten)

Willst du Milch/Limonade trinken? (Antwort meist durch Gesten)

Was willst du auf deinem Brot haben? (Antwort meist durch Gesten)

Setz dich richtig hin.

Iß dein Ei.

Stell das in den Abwasch.

Bring das in den Müll.

Geh Zähneputzen.

Geh auf die Toilette.

Andreas, Schluß!

Hör auf!

Vorsicht, Heiß!

Der größere Teil der Verständigung zwischen Andreas und seiner Umwelt wird von seiner Seite aus über Gestik und Mimik, wenn auch oft unter Einbeziehung von Lauten, abgewickelt. Dabei ist es erstaunlich, wie gut er sich nicht nur uns gegenüber, die wir seine Zeichen schon kennen, sondern auch gegenüber völlig Fremden verständlich machen kann.

Das Handzeichensystem zwischen ihm und der *Mutter* wird hier nicht einbezogen, denn es findet nur noch selten Anwendung.

Anhand einiger Beispiele soll deutlich gemacht werden, wie diese Verständigung abläuft. Die dabei benutzten Laute sind aber nicht aufgenommen.

Wir versuchen zwar in diesen Situationen häufig, ihn durch nicht sofortiges Reagieren oder Nichtreagieren zu sprachlichen Äußerungen anzuregen. Manchmal tut er uns auch den Gefallen, sehr viel häufiger aber wiederholt er seine Gesten nur nachdrücklicher. Reagieren wir dann immer noch nicht, zieht er oft enttäuscht ab und verzichtet auf seinen Wunsch. Wir dürfen deshalb das Beharren auf sprachlicher Äußerung nicht übertreiben.

Andreas will seine Mundharmonika: Er kommt, nimmt uns an der Hand, führt uns zum Regal, in dem sie liegt, deutet nach oben und bewegt seine Hand wie beim Spielen am Mund.

Andreas will mit mir spielen: Er kommt ins Arbeitszimmer, berührt mich (winkt in letzter Zeit auch mal »Komm«, wie wir es mit ihm üben), geht vor mir in sein Zimmer. Wenn ich im Zimmer bin, schließt er hinter mir die Tür und setzt sich auf den Boden. Dann rollt er mir z.B. den Gummireifen zu.

Andreas will ein anderes Fernsehprogramm eingeschaltet haben: Er holt mich wie oben beschrieben, zeigt auf das Gerät und führt meine Hand an den Umschaltknopf.

Er will spazierengehen: Er geht in sein Zimmer, holt seinen Anorak und hält ihn uns fragend hin.

Er will in seinem Zimmer allein sein: Er nimmt uns an der Hand, führt uns zur Tür, winkt uns kurz »Tschüs« zu und schließt die Tür.

Er muß zur Toilette: Er kommt, stellt sich dicht vor uns, streckt seinen Bauch vor oder legt die Hand auf den Gürtel, zeigt auch auf die Toilettentür.

Er will, daß wir die Kerze am Eßtisch anzünden: Er schaltet das Licht aus, deutet auf die Kerze, manchmal auch auf die Streichholzschachtel und bläst mit dem Mund wie beim Ausblasen.

Er freut sich: Beispiel »Fahren im Riesenrad«: Er sitzt ziemlich steif da, hat die Augen weit aufgerissen, hebt die Hände in Schulterhöhe, spreizt die Finger und zittert vor Erregung.

Beispiel »Es gibt Kuchen«: Er steht, als er die Tüten entdeckt, in seiner typischen Begeisterungshaltung da. (Dabei beugt er sich mit geschlossenen Füßen vor, öffnet die Knie, legte beide Arme zwischen die Beine, nimmt den Kopf nach unten und richtet sich dann allmählich in recht steifer Haltung wieder auf.) Dann setzt er sich ganz schnell an seinen Platz am Eßtisch.

Beispiel »Drehorgel«: Er lacht, hüpft und tanzt vor der Drehorgel herum, steckt den Finger in den Mund (das bedeutet Musikmachen) und fällt anschließend in seine Begeisterungshaltung.

Er ärgert sich, er ist enttäuscht: Er geht in sein Zimmer, knallt die Zimmertür zu, wirft Spielzeug herum (manchmal, wenn sie erreichbar ist, auch auf die Mutter), kneift und tritt gelegentlich, schaukelt demonstrativ. Neuerdings geht er in sein Zimmer und weint kurz und laut los.

Er will etwas nicht: Er stellt sich taub und unfähig. Dann kann er z.B. überhaupt nichts in der Hand behalten oder tun. Oft macht er seine Leidensgeste (Kopf mit verzogenem Gesicht in die Hand gestützt), weicht zurück, sträubt sich oder läßt sich zu Boden gleiten. Am Tisch rutscht er auf seinem Stuhl zurück, nimmt die Arme nach hinten oder legt sie über die Stuhllehne. Oft klopft er auch ärgerlich mit der linken Hand auf den Tisch.

Es schmeckt ihm: Er lacht, rückt dichter an den Teller heran oder zieht ihn näher, schaut uns freundlich an, guckt, ob noch mehr davon da ist, deutet auch darauf, um anzudeuten, daß er noch mehr möchte, und ißt rasch.

Es schmeckt ihm nicht: Er verzieht den Mund, hält beim Kauen inne, ißt sehr langsam, nimmt nur wenig auf den Löffel, sortiert das Essen, stockert lustlos darin herum oder schiebt den Teller weg.

Er empfindet Mitleid: Er kommt und schmiegt sich an, streichelt denjenigen, der traurig ist, und legt sich, z.b. auf einem Sofa, anschmiegsam an ihn.

Einige weitere Beobachtungen finden sich beim Spielen. In diesem Zusammenhang soll noch von zwei Beobachtungen gesprochen werden, die möglicherweise nur indirekt mit dem Thema Verständigungsmöglichkeiten zu tun haben und vielleicht auch als eine Art Rollenspiel aufzufassen sind. Es sind Beobachtungen von Tätigkeiten, in denen Andreas sich mit sich selbst beschäftigt.

Andreas führt gelegentlich eine Art mimischer und gestischer Gespräche mit einem unsichtbaren Gegenüber. Man könnte es auch so sehen: Er ahmt Mimik und Gestik eines Menschen nach, ohne sich trotz unserer Anwesenheit an einen von uns zu wenden. Er steht dann da, bewegt den Mund, als ob er lebhaft sprechen würde, gestikuliert mit den Armen, »schimpft« (ohne Laut) heftig, hält dann wieder inne, fährt fort . . .

Er macht dabei durchaus keinen abwesenden Eindruck, scheint aber ganz in dieser Beschäftigung gefangen zu sein. Das Ganze endet meist mit einem freundlichen Lachen, wonach er sich wieder anderen Beschäftigungen zuwendet.

Die zweite Gruppe von Beobachtungen bezieht sich darauf, daß Andreas sich selbst mimisch und gestisch dazu auffordert, bestimmte Dinge zu tun. Eine früher von uns häufig benutzte Geste war, ihn auf die Wange zu tippen, wenn er seinen Mund leermachen sollte, bevor er sich ein neues Stück Brot hineinschob. Heute fordert er sich manchmal selbst so dazu auf. Er legt z.B. auch mit der linken Hand seine rechte Hand, mit der er ißt, wieder auf den Tisch zurück und fordert sich so selbst auf, den nächsten Happen noch nicht in den Mund zu stecken. Ebenso führt er die Hand mit der anderen zum Herausnehmen des Toastbrotes, das ihm dazu eigentlich noch zu heiß ist. Er droht sich auch selbst mit dem Finger, wenn er etwas tun wollte, was er eigentlich nicht soll.

Nach unserer Meinung liegt der Schluß nahe, daß das Haupthindernis, das Andreas vom Sprechen abhält, im emotionalen Bereich zu suchen ist.

Trotz aller zu Beginn genannten sonstigen Beeinträchtigungen könnte Andreas mit den dennoch gegebenen Möglichkeiten im sprachlichen Bereich mehr anfangen. Das bedeutet nicht, daß der Versuch aufgegeben wird, ihn mit allen zur Verfügung stehenden Mitteln zu fördern, es ist nur die Frage, in welchem Umfang diese Entwicklung nachzuholen ist. Wesentlicher Ansatzpunkt scheint uns eine Förderung seiner gesamten motorischen Entwicklung zu sein. Die Förderung in diesem Bereich hat schon mit seiner Entlassung begonnen, sie wird aber gerade in letzter Zeit durch das neue Förderprogramm intensiviert, und Andreas zeigt deutliche Fortschritte. Vielleicht kann durch Erfolgserlebnisse in anderen Bereichen das Gefühl für die eigene Leistungsfähigkeit gesteigert werden und der Wunsch nach Anerkennung die motivationale Hemmung allmählich abbauen. Die Arbeit des Logopäden könnte hierdurch wirkungsvoll unterstützt werden.

Ein neues Förderprogramm

Auf der Suche nach einer Richtschnur für eine weitere gezielte Förderung von Andreas stießen wir auf die Programme von *Delacato* und *Doman* (7, 10), die sich in ihrem Institut für Begabungsförderung in Philadelphia mit der Rehabilitation und Förderung hirngeschädigter Kinder und Erwachsener befassen, worunter für sie auch Down-Patienten fallen. Sie gehen davon aus, daß für die optimale Entwicklung des Nervensystems ein vollständiges Durchlaufen der motorischen Entwicklung über die Stufen des zunächst homolateralen Kriechens, später des Kriechens, Krabbelns, Gehens und Laufens im Überkreuzmuster erforderlich ist, und sehen dabei eine sehr enge Verbindung dieser motorischen Entwicklung mit der Entwicklung und Koordination der Wahrnehmung.

Als letzter Schritt in der motorischen Entwicklung erfolgt die Herausbildung der Dominanz einer Hirnhälfte und der damit verbundenen (anderen) Körperseite. Diese Hirnhälfte wird für den Bereich der Motorik führend und übernimmt zugleich das Sprachzentrum, wodurch die enge Koppelung zwischen Motorik und Sprache sichtbar wird.

Es zeichnet sich heute immer mehr ab, daß Wahrnehmungsvorgänge die Entwicklung eines Kindes entscheidend steuern und Störungen dieser Vorgänge eng mit der Verursachung dessen zusammenhängen, was mit »geistiger Behinderung« umschrieben wird.

Die Überlegungen von Doman und Delacato gehen dahin, bei solchen Störungen durch ein Nachvollziehen der unvollkommen durchlaufenen motorischen Entwicklung die damit verbundene Entwicklung der Wahrnehmung neu zu ermöglichen und zu verbessern und durch Anregung und Mobilisierung von »Ersatzbahnen und -zentren« (Theile) aus dem vorhandenen und nicht genutzten Vorrat an Nervenzellen im Gehirn die gestörten oder behinderten Funktionen in möglichst hohem Umfang zu kompensieren. Theile nennt diese Fähigkeit der Hirnsubstanz »Plastizität« (58, S. 26) und kritisiert, daß diese in der Erziehung geistig Behinderter bisher kaum ausgenutzt wird. Wenn das Gehirn diese Bewegungsabläufe nicht beherrscht, muß eingemustert werden (»pattern«), selbst bei im Koma liegenden Patienten, solange, bis ein »output« in der Form der eingemusterten Bewegung erfolgt. Damit wird zugleich die Rolle der Wahrnehmung als Ansatzpunkt der Förderung angesprochen. Hinzu kommt das Darbieten einer Vielzahl von verstärkten Stimulationen auf allen möglichen Sinnesgebieten.

Anders als z.b. *Vojta* oder *Kiphard* sehen *Doman* und *Delacato* neben der absoluten (summierten) Übungsdauer vor allem die häufige intensive Wiederholung der gleichen Übung bzw. Stimulation bei relativ kurzer Einzeldauer als wichtig an. Leider gibt die in deutscher Sprache über die Arbeit an diesem Institut erschienene Literatur deren theoretische Grundlagen nur sehr lückenhaft und wenig wissenschaftlich wieder.

Dennoch haben die Grundgedanken bereits Eingang auch in die deutsche Literatur gefunden. *Wunderlich* (62), *Kiphard* und *Eggert* (15) setzen sich damit auseinander. Kritik wird vor allem an der mit diesen Programmen verbundenen Belastung der Familien der Behinderten geübt, eine Frage, die Doman und Delacato durchaus auch als problematisch ansehen und die sie den Eltern der von ihnen betreuten Patienten auch klar vor Augen halten.

Eine relativ knappe und klare Übersicht über einige Zusammenhänge und eine ausführliche Zusammenstellung deutschsprachiger, besonders aber englischsprachiger Literatur finden sich bei *Kiphard* (15, S. 23 ff.).

Der Aufstellung eines Übungsprogrammes geht eine Überprüfung des Entwicklungsstandes in den Bereichen Fortbewegung, Sprache, Handgeschick, Sehen, Hören und Tasten voraus.

Kiphard (15, S. 20 f.) hat das von *Doman* und *Delacato* 1967 herausgegebene »Development Profile« bei der Erarbeitung seines Entwicklungsgitters mit herangezogen, hält es aber für zu grob und für wissenschaftlich zu wenig fundiert. Inzwischen ist auch das »Development Profile« wesentlich verbessert worden, indem zu den gleichen Stufen detailliertere Einstufungskriterien erarbeitet wurden.

Vom Alter von 8 1/2 Jahren an wurden für Andreas, zunächst in Zusammenarbeit mit einer psychologischen Praxis, später dann mehr und mehr von der *Mutter,* Übungsprogramme ausgearbeitet und durchgeführt. Sie richteten sich zunehmend nach dem Entwicklungsgitter von Kiphard aus. Die einzelnen Programme sind hier nicht wiedergegeben, lediglich das allererste Programm soll zu Veranschaulichung aufgenommen werden:

DOMAN-DELACATO

Name: _____ geb.: _____

Lebensalter: _____ Monate
Neurol. Alter: _____ Monate

Datum der 1. Untersuchung: _____
2. Untersuchung: _____
3. Untersuchung: _____
4. Untersuchung: _____

	Alter	Fortbewegung	Sprache	Handgeschick	Sehen	Hören	Tasten
VII.	6 Jahre	Beinigkeit (Fußballstoß)	guter Satzbau und Wortschatz	Händigkeit (Schreiben)	Äugigkeit (Lesen)	Geschichte verstehen	Textilien unterscheiden
VI.	3;10 Jahre	kreuzkoord. gehen	spontan Erlebnisse berichten	bimanuelles Ausscheiden Anschrauben	geometrische Formen unterscheiden	einfach Aufträge verstehen	Tierformen unterscheiden
V.	2;4 Jahre	Gehen ohne Armbalance	Zweiwortsatz 10–25 Worte	beidhändiger Pinzettengriff	Abbildungen erkennen	10–25 Worte verstehen	Gabe, Löffel unterscheiden
IV.	1;4 Jahre	Gehen mit Armbalance	2 Worte für Person, Ding	einhändiger Pinzettengriff	beidäugig konvergieren	2 Worte verstehen	Apfel, Banane unterscheiden
III.	8 Monate	kreuzkoord. krabbeln	Ausdruckslaute für Stimmungen	gezieltes Greifen	Personen und Dinge erkennen	Schimpfen, Koselaute unterscheiden	Hautreize unterscheiden
II.	2;5 Monate	kreuzkoord. kriechen	reaktives Schreien	Loslassen bei Schmerz	Figur-Hintergrund unterscheiden	Reaktion (schrilles Geräusch)	Schmerzreaktion
I.	Geburt	Arm- und Beinbewegung	Geburtsschrei	Greifreflex	Lichtreflex	Schreckreflex	Babinski-Reflex

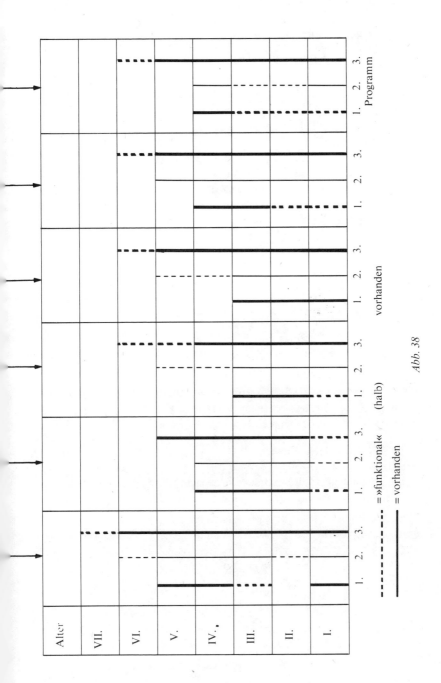

Abb. 38

143

1. Programm Durchführungszeit 8; 7

Motorik:	Einmustern des Kriechens im	
	Kreuzmuster	5 x 5 Minuten
	Kriechen	5 x 5 Minuten
	Krabbeln	6 x 5 Minuten
	Hangeln	3 x 1 Minuten
	Rennen und Gehen im Wechsel	4 x 1 Minuten
	Balancieren	5 x 1 Minuten
Sehen:	Ball in einen Korb werfen	2 x 3 Minuten
	Ball werfen und fangen	2 x 3 Minuten
	Lesekarten	20 x 1 Minuten
	Bildkarten (Kategorien)	3 x 1 Minuten
	Augentraining (Verfolgen von	
	Gegenständen mit Augen)	10 x 1 Minuten
Tasten:	Hände bürsten	5 x 1 Minuten
	Hände heiß und kalt waschen	5 x 1 Minuten
	Kalt duschen	1 x 2 Minuten
	Materialien aus Schüsseln mit Reis,	
	Bohnen usw. heraustasten	2 x 3 Minuten
	Üben der kortikalen Opposition	10 x 1 Minuten
	Ertasten benannter Gegenstände	
	aus einem Beutel	5 x 1 Minuten
Hören:	Lautes Sprechen – Flüstern	
	im Wechsel	5 x 1 Minuten
	Gesamtdauer	2 Stunden 54 Minuten

Die nachstehend aufgenommene Übersicht (Abb. 38) gibt jeweils den Anfangsstand von Andreas zu Beginn der ersten drei Programme wieder.

Fazit

Die Beobachtungen über Andreas in den hier angesprochenen Bereichen zeigen auf, daß er in der Zeit seit dem Beginn der Betreuung durch die *Mutter* und besonders seit seiner Heimentlassung große Fortschritte gemacht hat. Es ist gelungen, ihn aus der durch die Deprivation der Pflegestation verursachten Passivität herauszuführen und seine Entwicklung im positiven Sinne in Gang zu setzen.

Sein Verhalten wird zunehmend von immer mehr Aktivität in der Auseinandersetzung mit der Umwelt bestimmt, er ist in fast allen Bereichen leistungsfähiger und handlungsfähiger geworden, und dieses Anwachsen der Gesamtaktivität geht über die Summe der Fortschritte in den Einzelbereichen hinaus, weil eine Multiplikation, eine gegenseitige positive Beeinflussung zwischen ihnen stattfindet.

Andreas hat auch zunehmend den Wunsch, selbständig zu sein und das Appellieren an die Hilfsbereitschaft der anderen (»Ich bin ja so behindert!«) zu überwinden. Die *Mutter* vor allem hat ihn, oft gegen seinen Willen, aus dieser Haltung herausgerissen. Die Tatsache, daß Andreas am Down-Syndrom leidet, ist für seine Förderung im Grunde unwesentlich gewesen, von einigen speziellen Schwierigkeiten einmal abgesehen.

Unsere Arbeit mit Andreas soll in der bisherigen Zielrichtung weitergehen und ihn in seiner Selbständigkeit und Handlungsfähigkeit weiter fördern. Wie weit er kommen wird, muß offenbleiben. Überhaupt sind für uns weitaus mehr Fragen noch offen als beantwortet.

Die Überwindung der umfassenden Hospitalisierungsschäden ist trotz des großen Raumes, den sie bisher eingenommen hat, erst zu einem kleinen Teil gelungen, und es wird wohl nie ganz erreicht werden.

Die Kritik, die sich implizit aus der Darstellung des Schicksals dieses Kindes ergibt, sollte nicht ungehört verhallen.

Literatur

(1) *Bach, Heinz:* Geistigbehindertenpädagogik, Berlin 1973, 5
(2) *Bach, Heinz:* Sonderpädagogik im Grundriß, Berlin 1977, 4
(2a) *Beck, Joan:* Intelligenz für Ihr Kind, Freiburg 1970
(3) *Benda, C.:* Die mongoloide Wachstumsstörung, in: Psychiatrie der Gegenwart, Berlin 1960, S. 899
(4) *Bettelheim, Bruno:* Liebe allein genügt nicht, Stuttgart 1971, 2
(5) *Bleidick, Ulrich u.a.:* Einführung in die Behindertenpädagogik, Bd. I und II, Stuttgart 1977
(6) *Bühler, Charlotte:* Psychologie im Leben unserer Zeit, München 1972
(6a) *Carr, Janet:* Down-Syndrom in früher Kindheit, München/Basel 1978
(7) *Delacato, Carl H.:* Ein neuer Start für Kinder mit Lese- und Rechtschreibstörungen, Freiburg i.Br. 1973
(8) *Deutscher Bildungsrat:* Gutachten und Studien der Bildungskommission 34, Sonderpädagogik 3: Geistigbehinderte, Lernbehinderungen, Verfahren der Aufnahme, Stuttgart 1974
(9) Die soziale Entwicklung des Kindes *(Beiträge von Gerhard Brinkmann, Wolfgang Hering, Ute Hüffner, Heliodor Prechtl und Maximilian Weber),* München 1974
(10) *Doman, Glenn:* Wie kleine Kinder lesen lernen, Freiburg i.Br. 1966
(11) *Drever, James, und Fröhlich, W.D.:* Wörterbuch zur Psychologie, München 1974, 8
(12) *Dührssen, Annemarie:* Heimkinder und Pflegekinder in ihrer Entwicklung, Göttingen 1964, 2
(13) *Egg, Maria:* Ein Kind ist anders, Zürich 1969
(14) *Eggert, Dietrich:* Zur Diagnose der Minderbegabung, Weinheim 1972
(15) *Eggert, Dietrich, und Kiphard, E.J.:* Die Bedeutung der Motorik für die Entwicklung normaler und behinderter Kinder, Schorndorf 1976, 3
(16) *Flanagan, Geraldine Lux:* Die ersten neun Monate des Lebens, Hamburg 1968
(17) *Flitner, Andreas (Hrsg.):* Das Kinderspiel, München 1974, 2
(18) *Florin, Irmela, und Tunner, Wolfgang:* Behandlung kindlicher Verhaltensstörungen, München 1973, 3
(19) *Frostig, Marianne:* Bewegungserziehung, München/Basel 1975
(20) *Goedman, M.H., und Koster, H.:* Was tun mit diesem Kind, Weinheim/Basel 1972
(21) *Goetze, H., und Jaede, W.:* Die nicht-direktive Spieltherapie, München 1974
(22) *Gordon, Thomas:* Familienkonferenz, Hamburg 1974, 5
(23) *Guttmann, Giselher:* Einführung in die Neurophysiologie, Bern/Stuttgart/Wien 1974, 2
(24) *Harbauer, Hubert:* Geistig Behinderte, Stuttgart 1971
(25) *Harbauer, Lempp, Nissen, Strunk:* Lehrbuch der speziellen Kinder- und Jugendpsychiatrie, Berlin/Heidelberg/New York 1976, 3
(26) *Hünnekens, Helmut, und Kiphard, E.J.:* Bewegung heilt, Gütersloh 1971, 4
(27) *Kane, John F., und Kane, Gudrun:* Geistig schwer Behinderte lernen lebenspraktische Fertigkeiten, Bern/Stuttgart/Wien 1976
(28) *Kapitzke, Eveline:* Signalunterricht für das Entwicklungsalter von 2–7 Jahren, Braunschweig 1976, 2

(29) *Kietz, Gertraud:* Das Bauen des Kindes, München 1967
(30) *Kiphard, Ernst J.:* Unser Kind ist ungeschickt, München/Basel 1966
(31) *Kiphard, Ernst J.:* Wie weit ist ein Kind entwickelt, Dortmund 1976, 2
(32) *Klee, Ernst:* Behinderten-Report, Frankfurt 1974
(33) *Klee, Ernst:* Behinderten-Report II, Frankfurt 1976
(34) *König, Karl:* Der Mongolismus, Stuttgart 1959
(35) *Liljeroth, Ingrid, und Niméus, Bengt:* Praktische Bildung für geistig Behinderte, Weinheim/Basel 1973
(35a) *Melton, David:* Todd, Freiburg 1969
(36) *Montagu, Ashley:* Körperkontakt, Stuttgart 1974
(37) *Moor, Paul:* Das Spiel in der Entwicklung des Kindes, Ravensburg 1972
(38) *Müller-Braunschweig, Hans:* Die Wirkung der frühen Erfahrung, Stuttgart 1975
(39) *Painter, Genevieve:* Baby-Schule, Hamburg 1975
(40) *Piaget, Jean:* Das Erwachen der Intelligenz beim Kinde, Stuttgart 1975
(41) *Pschyrembel, W.:* Klinisches Wörterbuch, Berlin/New York 1972, 251
(42) *Rett, Andreas:* Mongolismus, Bern/Stuttgart/Wien 1977
(43) *Reichenbach, Paul:* Die Erziehung des mongoloiden Kindes, Dortmund 1965
(44) *Robins, Ferris und Jennet:* Pädagogische Rhythmik, Rapperswil 1968
(45) *Rohracher, Hubert:* Einführung in die Psychologie, Wien/München/Berlin 1971
(46) *Roth, Jürgen:* Heimkinder, Köln 1973
(47) *Schefelen, Albert E.:* Körpersprache und soziale Ordnung, Stuttgart 1976
(48) *Schenk-Danzinger, Lotte:* Entwicklungspsychologie, Wien 1973
(49) *Schilling, Friedhelm, und Kiphard, Ernst J.:* Der KTK – ein neuer motorischer Entwicklungstest, in: Zeitschrift für Heilpädagogik, Heft 8 1975, S. 447
(50) *Schmidtchen, Stefan, und Erb, Anneliese:* Analyse des Kinderspiels, Köln 1976
(51) *Schraml, Walter J.:* Einführung in die moderne Entwicklungspsychologie, Stuttgart 1974, 2
(51a) *Segal, Marylin M.:* Lauf doch, mein Kind, Freiburg 1970
(52) *Speck, Otto, und Thalhammer, M.:* Die Rehabilitation der Geistigbehinderten, München/Basel 1974
(53) *Spitz, René A.:* Vom Dialog, Stuttgart 1976
(54) *Spitz, René A.:* Vom Säugling zum Kleinkind, Stuttgart 1974, 4
(55) *Sporken, Paul:* Geistig Behinderte, Erotik und Sexualität, Düsseldorf 1974
(56) *Stadler, M., Seeger, F., und Raeithel, A.:* Psychologie der Wahrnehmung, München 1977, 2
(57) *Tausch, Reinhard, und Tausch, Anne-Marie:* Erziehungspsychologie, Göttingen 1973, 7
(58) *Theile, Regine:* Förderung geistigbehinderter Kinder, Berlin 1976, 2
(59) Vorläufige Richtlinien für die Arbeit in der Schule für Praktisch Bildbare, Sondernummer des Amtsblatts des Hessischen Kultusministers, Wiesbaden 1971
(60) *Walburg, Wolf-Rüdiger:* Lebenspraktische Erziehung Geistigbehinderter, Berlin 1972
(61) *Wilken, Etta:* Sprachförderung bei Kindern mit Down-Syndrom, Berlin 1976, 2
(62) *Wunderlich, Christof:* Das mongoloide Kind, Stuttgart 1977, 2
(63) *Zuckrigl, H. und A., Helbling, H.:* Rhythmik hilft behinderten Kindern, München/Basel 1976
(64) *Rett, Andreas:* Das hirngeschädigte Kind, Wien 1974, 4